朝焼けの三瀬街道

信念を貫き通した男
江藤新平

池松美澄

佐賀新聞社

プロローグ

筑前金武《かなたけ》宿の旅籠で一夜を過した新平は、夜明け前に起きた。

夏とはいえ、明け方はさすがに涼しい。

昨夜宿の女中に、明日は早朝に発つので、朝と昼用に二食分のおにぎりを用意しておくよう頼んでおいた。

一日でも早く京に着くため、そして道中の費用を切り詰めるためである。

小高い丘の石に腰をおろし、その朝食用のおにぎりをほおばっていると、南東の山すそが次第に明るくなってきて、荒平山がシルエットのように浮かびあがった。

と、その時、新平の頭上が真っ赤に染まった。みごとな朝焼けである。

新平のいるすぐ先には、室見川が蛇のようにうねって博多湾に注いでいる。

博多湾の手前には筑前黒田藩五十二万三千石の城下町福岡、右側には商人の町博多、そしてその先には那の津港が望めた。

いま、新平の犯している脱藩の罪は重く、長崎警護等を理由に二重鎖国をとる佐賀藩は特に厳しかった。国許に連れ戻されたら確実に死罪であろう。

それでも、京で朝廷や各藩の状況を探り、藩主鍋島直正公にあらゆる手段を使ってその様子を伝え、一日も早く上洛してもらわなければ佐賀藩はとり残される、新平にはそういう一途な思いが積もりに積もっていた。

その、熱く燃えさかり、煮えたぎるような新平の血潮を、朝焼けが後押ししているかのようであった。

昼間は、旅人はもちろん、三瀬へ抜ける険しい飯場峠を越えるために、人や荷物を運ぶ馬の馬引きたちで賑わう宿場も、まだ眠りについていた。

新平は醤油屋、酒屋、質屋等の蔵が立ち並ぶ金武の宿場を後にして、福岡城下の今川に住む平野國臣に会うため、三瀬街道を急いだ。

途中の四箇村、田村の集落付近では、朝餉の用意をしているのであろうか、家々から煙が昇っていた。

次郎丸に差し掛かるころには朝焼けは既に消えていて、街道沿いの蔵屋敷の漆喰の白壁が眩しかった。

目次

一　少年時代

江藤新平は、天保五年（一八三四）二月九日、肥前国佐賀郡八戸村《やえむら》に生まれた。幼名を恒太郎といい、十五歳で元服し胤雄《たねお》と名乗り、後に新平と改めた。

新平の父、江藤助右衛門胤光は、三十五万七千石の佐賀藩の下級武士、手明鑓《てあきやり》の身分であった。手明鑓とは佐賀藩固有の制度で、住居も城下町に規定され、藩主がお国入りするときには、祝儀の酒を城中で拝領するといった具合に、下級武士ではあるが一つ上の身分の「侍」とほぼ同格であった。

新平の父は郡目付《こおりめつけ》の役についていたので、禄米のほかに役米が入り、無役の「侍」たちと比べても、さほど貧しくはなかった。

江藤家の先祖をたどると、鎌倉時代の関東の名族千葉氏から分かれ、九州の肥前小城で栄えた千葉氏へたどり着く。千葉氏は、桓武天皇から葛原親王、高見王、平良文と続いたその子孫である。明治新政府で朝臣《あそん》に任じられた新平は平胤雄《たいらのたねお》と晴れがましい気持ちで署名した。これもそれに由来するものである。

江藤家が宮方と平家の血をひいているということは、新平の心の奥深く消えることのない喜びと誇りとして一生存在し、そしてまた彼は自分の行動を律しなければならないと自戒した。

新平が生まれた頃には、天保の改革が幕府や諸藩で行われていた。

幕府の狙いは、豪商の手中にあった商業の統制権を幕府の手に取り戻し、財政危機から脱することにあった。

幕府における本格的なこの改革は、天保十二年（一八四一）老中水野忠邦によって始められた。

問屋などが座をつくり、流通機構を支配していた株仲間の解散や、江戸に滞在していた農村出身者を強制的に帰郷させて、安定した年貢を確保しようとした人返しの令、さらには大名、旗本の領地を集中整理して直轄地としようとした上地令を発表すると、ごうごうたる非難や不満がまきおこり、水野の改革はわずか二年で失敗におわった。
その原因としては、幕府機構が賄賂で動く等腐敗していたため、また幕府の領地が全国に散在していて掌握、支配が難しかったからだといわれている。

それにひきかえ、幕府より早く改革を始めていた薩摩、長州、土佐等の西南雄藩はすでに成功のめどがたっていた。そのことがこれらの藩にその後の政治の主導権がうつる糸口となった。またこれらの藩では、急進的な若い下級武士がその改革実行に相乗りし、門閥制度に安住していた上級武士にかわり、藩の実権を握るようになった。

佐賀藩は、幕府の命により福岡藩と一年おきに長崎警護の任にあたっていたので、参勤交代の費用と相俟って長い間藩財政を圧迫していた。
天保元年（一八三〇）、わずか十七歳で十代佐賀藩主となった鍋島直正は、三月二十二日の早朝、日比谷の上屋敷から初のお国入りという晴れの日に、出発はしたものの味噌屋、醤油屋、炭屋等の商人が売掛金の清算をして欲しいと藩邸に押しかけたため、品川宿で足止めせざるを得なかった。
直正は十二歳のとき、子を五十三人設けた十一代将軍家斉の娘と結婚させられてい
る。四歳年上の盛姫で、将軍の娘というので江戸藩邸の出費がかさみ、それも財政難の
一因となっていた。十七歳で藩主の座についた直正にとって、藩の財政改革は覚悟のい
る大仕事であった。
直正は、国に着くと直ちに改革にとりかかった。まず倹約の令を布き、衣服は国許で
は絹ものを禁止し木綿ものと定めて自ら着用した。食事も質素なものと細かく定め、こ
れらを年若い殿様が率先して行うので、たちまち家臣たちの風俗も改まり領内は大いに
治まった。
翌年七月の参勤交代では、複数いる家老のうち最小限の家老を対象にし、他にも約
九十人のお供を減らした。それだけで千二百両の節約となった。
また、国許と同様江戸藩邸の費用も盛姫等の協力を得て切り詰めた。
直正の下で鍋島安房ら改革派の行った財政の建て直しは、借入金の長期年賦払いや利
止め（利息の放棄）を豪商に認めさせるものと、もう一つは別会計による備蓄であった。

借金の相手である江戸や大坂の豪商や長崎の商人への支払いは、元金の四分の一を五ヵ年年賦で返済し、残りを七十ヵ年年賦、百ヵ年年賦等で返済するという途方もない方法をとったので、世間では直正は「算盤大名」と揶揄された。

この約定は、三十年も経たないうちに世の中が変わってしまったので、豪商たちの泣き寝入りとなってしまった。まさに借金の踏み倒しである。

後世、「佐賀人の歩いた後は草も生えん」といわれたのは、この噂が広まったためだと思われる。

また、別会計によって備蓄をしたが、この金が後に軍事費として使われ、佐賀藩の軍事大国化を可能にしたのであった。

次に直正が力を入れたのは佐賀の物産品の輸出である。

佐賀藩では、江戸時代初期に帰化朝鮮人李参平によって日本で初めて磁器が創られ、その後酒井田柿右衛門が色絵を創りだした。それは海外でも高い評価を得たので、鍋島藩は厳しい法令をつくりその秘法が藩の外にもれるのを防いだ。

佐賀藩が独自の鎖国を布き（幕府の鎖国と合わせて二重鎖国といわれた）脱藩者は死

罪という厳しい掟をつくったのは、この秘法の漏洩防止と、その後日本一となる佐賀藩の軍事力を他国に悟られないためであった。

天保の改革によって陶磁器の専売は強化された。佐賀産の上質な陶磁器はヨーロッパの王侯貴族に珍重され、それを包んだ版画の浮世絵が評判となり、フランス画壇に大きな影響を与えた。

また綿花を栽培したり、さとうきびを栽培して砂糖の製造を行ったりした。そのころ平戸でよく捕れた鯨から取った油、伊万里湾西方の山代郷で採掘した石炭、農道脇等に植えたハゼから取った蝋で作ったろうそく等を外国船に売った。これらは、とても利益が大きかった。

当時他藩では百姓一揆が多発したが、佐賀藩では一度も起こっていない。

その頃はいずれの藩にあっても、下級武士の家庭では着るものは綿を買ってきて糸に紡ぎ、それを染めて反物に織り、家中の着物を縫い上げていた。妻や娘の染色のセンスや織る腕がよければ、他に売り現金収入が増え家計を潤すので、女に学問はいらぬ、紺屋の附け紙が書ければよいとされ、侍の娘でもひらがなが書ければよいといわれた。

しかし、新平の母浅子は幼い時から漢籍を修め、書にも秀でていた。新平は幼いころから弟の源之進や妹の栄子とともに母から文字を習い、四書五経を教えられた。


新平の父、胤光は豁達な性格で同僚には好かれたが、一方では権勢を恐れぬ剛直なところがあり、上司に対し恐れることなく直言したので疎まれることも多かった。

そのような彼の心の奥底には、自分の家系は宮方や平氏の流れをくんでいるという誇りがあり、それが今の身分との格差への反発となって現れたのであろう。

ちょうどその頃、佐賀においても尊王思想が興ったことも彼の心をゆり動かす要因になったに違いない。


天保九年（一八三八）、参勤交代で江戸に滞在していた藩主直正は、水戸藩主徳川斉昭を江戸小石川の藩邸に訪ね、政見を交換した。

そこに国学者藤田東湖がいた。東湖は、諸藩の士風の退廃、藩財政の窮乏、農村の荒廃、百姓一揆の続発などの対策として、ゆるんだ武士道徳の締め付けが肝要であるとした。そのためには、皇室の尊厳化を強めるべきであるという尊王論を説いた。
それに大いに感銘を受けた直正は、天保十一年（一八四〇）藩校弘道館を佐賀城下の北堀端に移し整備、拡張した。
弘道館の教授の一人、副島種臣の父枝吉南濠が尊王思想を唱えたため、その思想が佐賀でも人々の間に広がっていった。

新平の父胤光は、その父動員が死んだのち浄瑠璃に凝りだした。彼は尊王の機運が高まるにつれ、宮方の血をひくのに我が身をかえりみて、今の身分や姿と比べると憂さ晴らしをするものが欲しかったのであろう。あるとき、出張先の庄屋で百姓たちを集め浄瑠璃を語ったということが問題となり、とうとうお役御免になってしまった。勤めを怠ったわけではないが、日ごろ上役にたてつくことで疎んじられていたのが原因であった。

彼はよほど城下町の宮仕えの生活に嫌気がさしたのか、父が建てそれまで住んでいた八戸村の家を人手に渡すとともに、家財を家の前に並べ道行く人々に「これを買え、値はそちらで決めよ」と言って売り払った。

そして、小城郡の晴気村へ移り住んだ。晴気村は江藤家の先祖千葉氏が城を築き、勢力を振るっていたところである。胤光が役米どころか禄米まで棒に振って晴気村に行ったのには、よほど思うところがあったからに違いない。

その時、新平は十二歳であった。最も感じやすい年頃の新平にとって、心ははちきれんばかりに痛む思いがして父を恨んだ。


晴気村で父は寺子屋を開いた。しかし子供相手の先生としては母の方が教え方が上手だった。そのうち近隣の村々の評判を呼び、母は常に三十人ほどの子供たちに学問を教えるようになった。父はのんきに好きな浄瑠璃をうなり、相手を探しては囲碁を打つうちに、教えてくれという人が多くなり、夜になると弟子が集まってきた。「役人の生活なんかより余程よい」と負け惜しみを言っていた。

その頃、新平は佐賀の藩校弘道館の話を聞くにつけ、何とかして入学したいという思いを募らせていた。

二　弘道館

新平の父胤光は、もとの同僚たちの奔走で四年ぶりに復職することになり、晴気村をあとにした。勤め先は新設された貿品方《かわりしながた》という佐賀の物産品を外国に売り、外国から兵器等を購入するための部署であった。

新平は十六歳になっていた。当時佐賀藩では、士分以上の男子は十五歳になると藩校に入学し寄宿することができた。向学心に燃える新平の願いを叶えて弘道館に入学させるためには、父もこだわりを捨てて是が非でも復職する必要があった。

新平は喜び勇んで弘道館の寄宿舎に入った。

弘道館に入学してからの新平の猛烈な勉強ぶりは、教授や学友たちを驚かせた。それまで学問に飢えていたため非常な喜びをもって勉学に励み、身なりなどかまわず寝食を忘れるほどであった。

しかし、藩校といえども新しく入学するとなれば学費がいる。新平の学費をつくるために母は水引を作る内職をした。それでも寄宿舎に納入する米やお金が滞ることがあった。

弘道館では、学力優秀な者には藩主から菜料（副食費）が出ていた。入学後すぐに菜料を受ける資格を得た新平は、それを頼りに勉学を続けた。

学友に「飯を食わずして大丈夫か」といわれ、

「人智は空腹より生ずるものなり」

「燕雀安んぞ鴻鵠の志を知らんや」

と得意げに言って周りをけむにまいた。

新平が弘道館で初めてできた親友は、三歳年長の大木民平（喬任）であった。

入学して一年ほど経ったある日、二人は連れだって石井松堂の塾に遊びに行った。門下生たちは新平が弘道館に入学する前は、父母から学問を教えられていたと聞くと、大学（儒教の経典）は知らないだろうとからかった。
新平は大学の第一章から一句も誤らず講じたので、皆は驚き石井松堂も新平の記憶力とその理解力の素晴らしさに大いに感じ入った。

もともと弘道館では「葉隠」の主義に通じる朱子学がはばをきかせていた。「葉隠」とは鍋島武士の礼儀作法を記した書である。その中に「武士道とは、死ぬことと見つけたり」という一節があるが、後の太平洋戦争中に軍部に利用され間違った使い方をされたのは残念である。

藩主直正が弘道館の整備拡張時に藤田東湖の水戸学を取り入れたことにより、新平が入学する頃から、弘道館では中国の学問である朱子学派をおさえて、史学派が台頭していた。史学派は国学を講じ日本の制度律令を研究していた。
新平は弘道館に入学する前から父に尊王思想を植えつけられていたので、その当時の史学の教授となっていた枝吉南濠の子、枝吉神陽の講ずる国学を非常な喜びをもって学んだ。

弘道館には、神陽の弟で副島家の養子となった副島二郎（種臣）、大木喬任、中野方蔵、古賀一平等がいて、親しく付き合いながらいかにして世を治めるか互いに議論した。

大木家の隣に中野方蔵の家があり、新平は大木の家で中野に引きあわされ親しくなった。大木家、中野家、それに大隈重信の家も同じ町の会所小路にあり、三人とも幼時に父を亡くしていた。藩では会所小路にそういう家庭を集めていた。

枝吉神陽が同志を集め、本庄町にある梅林庵の楠公像の前で「義祭同盟」を立ち上げたのは嘉永三年（一八五〇）五月二十五日のことである。これが佐賀藩における尊王活動の始まりであった。

十七歳の新平は、島義勇、副島種臣、大木喬任、中野方蔵ら三十一名とともに名を連ねている。大隈重信は三年後に加入した。

義祭同盟は、後醍醐天皇に忠義を尽くし、鎌倉幕府を滅亡に追いつめた楠木正成に対する尊宗を掲げたもので、楠公を祭ることによって士気を高め、尊王の大義を唱えることを目的とした。

藩の重役たちはこの動向を懸念したが、藩主直正は彼らを弾圧することなく、白山八幡宮境内に新しく建立した楠公神社の祭式に、執政鍋島安房を派遣した。それゆえ同盟も暴走することはなかった。

のちの明治新政府になって、江藤新平、副島種臣、大木喬任、大隈重信等、義祭同盟の同志のなかから多くの要人が輩出したが、当時の佐賀藩では藩主直正の支配力が強く、薩摩、長州、土佐のように藩の上層部にとって替るような勢力は生まれなかった。

三　図海策

佐賀藩は長崎の警護を担当していたので、蘭書の入手が容易であった。したがって佐賀藩は古くから蘭学が盛んであった。「蘭学」といっても当時の蘭学は、オランダに限らず欧州各国の学問の総称であった。

直正は、佐賀第一の秀才といわれた枝吉神陽と、佐野常民を始め優秀な青年三十余名を選び長崎へ行き蘭学修行をするように命じた。主に軍備のための火術の研究であった。

それには義祭同盟に加わった学生多数が選ばれた。彼らの暴発の矛先をたくみにかわしたのではないかと思われる。新平も選ばれたが大木喬任とともにそれを断った。尊敬する師、枝吉神陽が断り弘道館の教授も辞めたからであった。新平は大木とともに弘道館も退学し、神陽が開いた私塾に入門した。このころから弘道館は次第に衰えていった。

嘉永六年（一八五三）六月、米国東インド艦隊司令長官ペリーが四隻の軍艦を率いて浦賀に来航し、米国大統領の国書をもって日本に開国を要求した。

翌七年、再び来航したペリーは武力を背景にして幕府に開国を強要した。

幕府はペリーの要求に屈しやむなく日米和親条約を結んだ。それを知ったイギリス、ロシア、オランダも同様な要求をしたので、幕府は同様の条約を結ぶこととなった。ついに二百年の鎖国に終止符を打ったのである。

それらの条約は孝明天皇の勅許が得られないままに結ばれ、一方的に相手国のみに特権を与えるといった不平等にして屈辱的なものであった。

尊王思想を持つ武士たちはそれに怒り、倒幕と攘夷の運動が同時に各地で起こった。

弘道館を退学した新平は、枝吉神陽の塾で勉学を続けながら石井松堂の塾では塾生を教えていた。しかし、嘉永七年（一八五四）二十一歳のとき藩命によって蘭学を修業することになり、城下八幡小路に新設された藩の蘭学校に入った。大木も同時に入学した。

蘭学校に入った新平は、七月に「魯西亜（ロシア）書翰和解」を起草した。これはペリーが浦賀に来航した翌月に、長崎に来航したロシアのプチャーチンが差し出したロシア語の国書を、新平が日本語に翻訳したものである。蘭学校で新平は海綿が水を吸うように西洋の知識を吸収していった。

そのころの佐賀藩の洋書の蔵書数はどの藩よりも多かった。

兵砲書	一五五冊
船学書	三五冊
詞文、文法書	一〇一冊
天文地理書	二六冊
医書	七二冊
度学算学書	八八冊
理学書	三二冊
雑書	一七五冊
分離（化学）書	四八冊

の計七百三十二冊にも及んでいる。

それがいかに膨大な数であったかは、安政二年（一八五五）三月に福澤諭吉が入った大坂の緒方洪庵の適塾には、十冊程度の洋書しかなかったことからも分かる。適塾の塾生たちはそれを回して書き写し勉学に励み、ある者は書き写したものを売り生活費に充てた。

佐賀藩が洋書を集め、西洋の砲術等の研究に力を入れて取り組んだのには理由があった。文化五年（一八〇八）八月のフェートン号事件で痛い目にあったからである。

この事件は、ナポレオン戦争によりフランスに併合されたオランダと交戦国の関係にあったイギリスの軍艦フェートン号が、八月十五日にオランダ国旗を掲げて長崎に入港したことにはじまる。欺かれて出向いた長崎奉行所役人、通詞、オランダ商館員を襲い、商館員を人質として長崎港の状況とオランダ船がいないかを偵察した上、水と食料を要求した。結局、フェートン号は水、野菜、唐人屋敷から調達した生きた牛、豚を受け取り、商館員の人質を引き渡して長崎港から退去した。

当時、長崎警護の任にあった佐賀藩は、平和ボケと財政難により、藩兵千余名配置すべきところ百余名しか出していなかった。三十二門の大砲を備えた軍艦に日本側はなす術もなく、同月十八日みすみす同艦を立ち去らせてしまった。

この事件により、幕府の長崎奉行松平康英は責任をとり切腹した。また、佐賀藩の担当家老と長崎番所番頭も切腹、組頭十名は家禄没収という責を負わされた。さらに、九代藩主鍋島斉直は幕府より百日間江戸屋敷で閉門に処せられ、その間、屋敷周辺と佐賀城下は火が消えたような状態になるという大事件であった。

その後、「日本側の防衛力の低さ」が露呈したため、日本近海でイギリス等の外国船の目撃が多発されるようになった。そこで、幕府は「外国船打払令」を発令し、佐賀藩は長崎警護を強化し、火術、砲術の研究に力を入れた。ここに、後年佐賀藩が軍事大国となる礎があった。

ところで、佐賀藩の蔵書の中には、藩医伊東玄朴がシーボルトから譲られた洋書も多数あった。伊東玄朴（執行勘造）は肥前の神埼近くの仁比山の農家の出身で、早くから長崎郊外のシーボルトの鳴滝塾で学び、シーボルトが帰国した後は直正の侍医となり、その後、幕府の将軍奥医師となった。伊東は江戸に「お玉ヶ池種痘所」を設立し種痘の普及に尽力した。この種痘所はその後東京大学医学部の前身となった。

伊東がシーボルトから譲られた本のなかに「フォルク・レヒト」というドイツ民法の

原書があり、それも藩の蔵書となっていた。外国の政治に興味があった新平は興奮してそれを読んだ。

蘭学校に入って、佐賀藩の豊富な洋書を自由に読むことができるようになった新平は、たちまち世界情勢に対する目をひらかれた。それまで攘夷に関心を持っていたが、三年間の勉学でそれがいかに実行不可能であり、時代にそぐわない愚かしいことであるかが分かった。そこで安政三年（一八五六）二十三歳のときに「図海策《とかいさく》」を著した。

その概要は

一、当今の強国と和親を結び、軍艦を購入して操縦法を学び、通商を盛んにして国家を富ますこと、

二、世襲をやめ才能のある者を用うること、即ち人材の登用を行うこと、

三、通商航海を盛んにすれば、ただ国が富むばかりでなく、いざ海戦ともなれば海で鍛えられた彼らは勇敢に戦うであろうこと、

四、蝦夷を開拓すること、蝦夷を開拓するのは富国興業だけでなくロシアを牽制するのに有効であること、

等々、岩倉使節団が欧米へ行く十五年も前に、イギリスのように産業を興し国家を富ま

せて、貿易によって国をなすべきであると、熱き思いを綴っている。

新平は岩倉使節団には入っていないが、彼らよりも早くヨーロッパが見えていた。


当時はまだ攘夷論の天下で、佐賀藩の中でも開国を論ずる者はほとんどいなかった。この時代に新平は世界の歴史、地理に通じ日本の置かれている立場をよく把握している。その後、新平は実に足かけ六年もの間、豊富な佐賀藩所有の欧米の書によって欧米の学問を研究することができた。それが後年明治新政府の近代化に役立ったのである。


新平が「図海策」を著したころ、直正は七才年長の薩摩藩主島津斉彬とともに「蘭癖大名」と呼ばれていた。二人は母親が姉妹であるため従兄弟にあたり、江戸藩邸が近かったこともあり幼少の頃はよく一緒に遊んだ。

斉彬から地球儀等を見せられたことが、直正が世界に目を開く糸口となった。

互いに藩主になってからは、西洋列国の軍備や産業を研究し、ひそかに連絡をとりあって日本国の将来について構想を練っていた。

四　脱藩上京

弘道館で知り合った学友の中で、新平の脱藩上京にもっとも影響を与えたのは中野方蔵であった。中野は新平より一歳年少で、同じ学寮に学んだ義祭同盟の同志である。

中野は、万延元年（一八六〇）、二十六歳のとき念願の江戸留学の選に入り、幕府の昌平坂学問所に入学することとなった。

大老に就任した井伊直弼が十三歳の少年家茂を十四代将軍にすえ、天皇の勅許を得ないまま日米修好通商条約の調印を強行し、それに反対する一橋派を厳しく弾圧した（安政の大獄）ため、水戸、薩摩の浪士に殺害された桜田門外の変の直後のことである。

父親が早逝した中野は家財等を他人に譲って学費を作り、母親を親戚に預けて江戸へ行った。中野が入った江戸藩邸には、長崎の蘭学校をやめて同じ昌平坂学問所に学籍を置いた副島種臣もいて、千駄ヶ谷の鍋島藩下屋敷でともに起居することとなった。

中野は昌平坂学問所で学びながら、長州の久坂玄瑞と親しく交わるようになった。久坂は吉田松陰の門下生で松陰が長州一の秀才として認め、松陰の妹と結婚している人物である。そのころ久坂は藩の垣根を越え尊攘の志士たちと連絡を密にしながら活躍していた。

また中野は、宇都宮藩の儒者で江戸で塾を開いていた大橋順蔵の所にも出入りした。中野が江戸に出て二年後の文久二年（一八六二）正月十五日に、坂下門外の変が起きた。井伊大老が桜田門外で暗殺されたあと閣老となった安藤対馬守信睦が坂下門外で襲われたのである。安藤信睦は強引に皇女和宮の降嫁と開国に反対する孝明天皇を廃位させようとしたので、尊攘志士たちの怒りを買った。しかし、桜田門外の変以来厳重に守られていた安藤信睦は傷を負っただけであった。

井伊大老の暗殺以来、尊攘志士の動きに目をつけていた幕府は、大橋順蔵とその弟子を坂下門外の変が起きる一ヵ月前に捕縛した。

中野は身辺が危なくなってきたので、昌平坂学問所へは行かなかった。しかし、坂下門外の変が起きる三日前に、町の風呂屋に行って裸になったところを六、七人の幕吏にいきなり取り囲まれて捕縛された。

中野は数ヵ月の獄中生活を続けるうちに、五月二十五日原因不明の牢死をした。毒殺されたものと思われる。

そのころ天下の情勢は騒然としているにもかかわらず、京都や江戸から佐賀に送られてくる情報は殆んどなかった。

藩主直正は外国に対する防備には熱中したが、朝廷と幕府の関係にはことさら目をつぶっていた。母親同士が姉妹のため従兄弟であり、共に「蘭癖大名」と呼ばれるほど同じ西洋志向を持っていて仲のよかった薩摩藩主の島津斉彬が、安政五年（一八五八）に急死したことが直正の中央政界への進出に強い挫折感を与えたのであった。

新平は、文久元年（一八六一）十月に、筑前福岡藩の浪人平野二郎国臣が九州の尊皇派糾合の目的で佐賀を訪れたとき、枝吉神陽とともに会っていた。そして平野から天下の情勢を聞くにつけ、直正公が中央に進出すべきときが来たと確信を強めていた。

そのとき中野の死が報じられた。それを知った新平の悲しみと怒りは尋常ではなかった。そして自分が平穏無事に暮らしていることに耐えられなくなってしまった。中野が斃れたいまは中野の志をつぐものは自分しかいないと決意した。

新平は、上京して京の政情を調べてそれを佐賀に送る、それによって直正公に動いてもらう、そして朝廷と幕府に働きかけてもらい王政復古の大業をなさしめる、ということを描いた。直正が健康を害し藩政を嗣子直大《なおひろ》に譲ったことも新平には一時の猶予もできないことと思った。


そのころの江藤家は、中級武士が住む西堀端の竜泰寺小路の武家屋敷に移っており、父は郡目付役、新平も貿品方の手許役を勤め、ようやく余裕のある暮らしとなっていた。このまま役目大事と勤めれば、人材登用の盛んな佐賀藩のことゆえ出世の路も開かれるだろう。しかし新平が脱藩したとなれば父も必ずや職を追われるであろうことを覚悟しなければならない、佐賀藩には脱藩は死罪という厳しい掟もある等々、悩むことは多かった。だが父母も妻も強くは反対しなかった。もともと江藤家には尊王思想が根づいており、それが佐賀藩のために、ひいては日本国のためになると説明されると母も妻も納得した。

新平は、脱藩を決意しその途につくまでの一ヵ月の間に長文の具申書を書いた。

まず公武合体について述べ、このような時勢には注意しないと内紛に乗じて外国勢力の侵略がある。清国がイギリスによってアヘン漬けにされ、骨抜きにされたのがまさにその例である。だから「皇室の衰沈を挽回し、国威を盛大にし、太平の基本を定めること」が肝要であると述べた。

また、攘夷派を批判して薩長両藩や諸藩の浪人がただ一時の功名や夷を憎む激情にかられて事を起こせば、そして朝廷に対しても、一時の快によって天下の情勢を考えないで攘夷を行うようしむければ、内乱外患二つとも起こる元となると述べ、尊王思想はもちろん重要であるが攘夷には反対であると書いた。

また、佐賀藩に対してはこれまでの藩恩を厚く謝した。あとに残す家族を思ってのことであるが新平自身の本心でもあった。

最後に、上京したのち天下の形勢が正しく定まればそれこそ天下万世の大幸であるので、その時には帰国する覚悟であると書いた。

新平は、親友の大木喬任にだけは脱藩上京の決意を打ち明けていた。大木も中野とは同志として親しく交わりを重ねてきた仲である。新平は大木を誘ったが、大木は親の病気を理由に同行をとりやめ五両の金を新平への餞別として渡した。その金が新平の脱藩上京の資金となった。

文久二年（一八六二）中野の死後一ヵ月後の六月二十七日、新平は脱藩して上京の途についた。二十九歳であった。

西堀端の竜泰寺小路の家を秘かに出発した新平は、長崎街道へは出ず三瀬街道へ通じる川上往還で北へ向かった。京に行くには東に向かい神埼、原田、山家、飯塚、木屋瀬を通る長崎街道で小倉に出るのが通常であった。しかし脱藩の身では、まず無事に佐賀藩の関所を越えることが先決であった。都合よく同志の一人古賀一平が三瀬の番所の役人をしているので、その道を通って博多に出る方法が安全であった。三瀬は、佐賀平野と筑前の早良《さわら》平野の間の脊振山地の高原に開けた集落で、佐賀からは嘉瀬川上流の川沿いの険しい山道を十里ほど登りつめた所にある。肥前嵐山といわれる川上峡まで来るといよいよ曲がりくねった山地に入る。

前方の山は大きな塊りのように見え新平の行手を遮っているかのようであったが、心は京へと逸っていたのでむしろ挑む気迫の方が強かった。

無事に三瀬を越えて筑前の金武宿で一泊し、福岡城下へ出ると旧知の平野國臣が住む今川を訪ねた。平野は志士の横の連絡に務めていたので、新平は平野から京での予備知識を得ておこうと思ったのである。

しかし、平野は不在であった。


新平は当初博多から船に乗るつもりであったが都合よい便がなかったのと天候が良くなかったので、旅費の切り詰めのためにも小倉まで陸路をとった。

そして、小倉からは船で大坂に向かった。当時、外国資本が運営する蒸気船の船旅は金はかかるが一番速くまた楽な旅の方法であった。

五　他藩と幕府の動静

島津斉彬が藩主になったのは嘉永四年（一八五一）ですでに四十三歳になっていた。藩主の地位にいたのはわずか七年であったが、その間に薩摩藩の軍事力、経済力は国内最強といわれるまでになった。そのような経済力を持つようになったのは、薩摩藩が天保の改革に成功したからである。

薩摩藩が財政の改革を始めたのは天保年間より前の文政十年（一八二七）であった。それまで薩摩藩は、二十五代藩主島津重豪《しげひで》の豪奢な生活や無計画な政策によって農民は厳しく収奪され、農村の疲弊は甚だしかった。

薩摩藩は人口の約四割が武士でその多くが外城《とじょう》制度により農村に土着して村を支配し

ていたので、百姓一揆はほとんど起こらなかったが離散する農民があとを絶たず、田畑は荒廃する一方であった。

薩摩藩の文政十年における大坂商人からの借入金は五百万両に達し、年間の利息だけでも六十万両もあったのに対し収入はおよそ十五万両しかなかった。藩財政は既に崩壊状態であった。

そのとき重豪はすでに八十四歳の高齢であったが、孫の藩主斉興《なりおき》の後見役として実権を握り、調所《ずしょ》笑左衛門広郷《ひろみち》に財政の改革を命じた。

文政十年、調所は財政改革をまかせられたときは五十四歳であった。彼は大坂商人に五百万両におよぶ借入金を、二百五十年賦というとほうもない返済方法で承知させた。また奄美大島特産の砂糖をはじめ各種の農林水産物の増産につとめ、かげでは密貿易や偽金の鋳造を行い、物価高騰に苦しむ領民や町人の反感を一身に受けながら必死に改革を強行した。

その結果、天保十一年（一八四〇）には五十万両の予備金を蓄えるまでになった。重豪は天保四年に八十九歳の高齢で死去したが、藩主斉興は重豪の遺志をついで調所をひきつづき重用した。

ここで起こったのが「お由羅騒動」といわれる世継ぎ問題であった。お由羅は藩主斉興の愛妾で斉興の寵愛をよいことに政治にまで口をだすようになった。その上お由羅は斉興の嫡男である斉彬を廃し、自分が産んだ久光を家督にしようと図った。

英明で人望のある斉彬はすでに四十歳になっていた。お由羅を除こうとする斉彬派の計画がもれると、斉興は怒り狂い斉彬擁立派四十数名に酷刑を下した。家老の島津久武ら十二名を死刑にし、遠島十二名、お役御免など多数を出した。

刑を言いわたされた者のうち四人は脱藩し、斉彬の大叔父にあたる筑前の黒田長溥のもとに奔った。黒田藩では四人を保護し幕府と交渉してお家騒動の処理に乗りだした。老中阿部伊勢守正弘は斉彬と親しく聡明な斉彬に好感を持っていたので、斉興に隠居の内諭を下した。その結果斉彬はようやく藩主の座につくことができた。嘉永四年（一八五一）、ときに斉彬四十三歳であった。

お由羅騒動で遠島を言い渡された者の中に大久保利通の父がいた。

大久保家は西郷隆盛と同じ御小姓与の家柄で、同じ下級武士町の下加治屋町で生まれ育った。二人は薩摩武士社会独特の郷中教育のなかで成長した。郷中教育とは、地域を同じくする少年たちが先輩青年の指導の下に、自治的に武術や学問の修行を積み胆力、友情、団結心を養う風習教育である。そこに薩摩藩閥の固い結束力が育ったのであった。

大久保の父が鬼界ケ島に遠島になったとき利通は二十歳であった。それまで大久保の父は琉球館附役をつとめ、利通も十七歳から藩の記録所書役助になっていたので、御小姓与の中では、まずまずの生活を送っていた。ところが父は遠島、利通も免職になると、一家はたちまち生活に困るようになってしまった。

逆境にあった大久保一家に親切だったのは、親戚ではなく西郷一家であった。食事どきには大久保家の子供たちも来て一緒に食べた。

西郷吉之助隆盛は大久保利通より三歳年長で、十八歳で郡方書役に任命されていた。弟の従道は生活のため頭を剃って坊主となっていた。下級武士の家庭はいずれも余裕のない生活であった。

西郷は大久保、伊地知正治、海江田信義らといかにして世を治めるか議論する研究会をもった。このグループにはしだいに現状不満の下級武士が集まり「精忠組」と呼称するようになった。彼らはお由羅騒動が外部からの関与によって解決したことを知ると藩内外の政治に対し強い関心を抱くようになった。

嘉永四年、薩摩藩主となった島津斉彬は攘夷論を「無謀の策」と排斥し、西洋文明を採用し国力をつけた上で開国しようと考え薩摩藩の改革に着手した。調所らが天保の改革によって蓄積した豊かな財力が大いに役立った。

斉彬は「開物館」という研究所を設け、高野長英ら洋学者を集め洋書を翻訳し実験を続けた。その成果は「集成館」という工場で製造に移され、短期間のうちに薩摩の近代的な軍事力、経済力は佐賀藩とともに国内最強といわれるようになった。

彼は外国の圧力に対抗するには、このような改革を日本全国に広める必要があると考えた。その実現のために英明な一橋慶喜を将軍に擁立しようとした。

斉彬が藩主の地位についたことによって西郷の運命は開かれた。

西郷は斉彬に抜擢された。斉彬は西郷が農政に対する建白書をたびたび提出しているのを読んで注目していたのであった。

安政二年（一八五五）、二十八歳の西郷は斉彬の参勤交代に従って江戸へ行き、庭方役（秘書）に任じられ斉彬の手足となって将軍継嗣運動に奔走するようになった。斉彬は西郷の人柄を愛し教育した。また、西郷は諸藩の屋敷に出入りし、水戸の藤田東湖、越前の橋本佐内などに会い西郷の名は各方面に次第に知られるようになった。

橋本佐内は、一橋慶喜を将軍継嗣とし、徳川斉昭を内政に全権をもつ大臣に任じ、鍋島直正を外交担当の大臣にするという構想をもっていた。斉彬死亡の直前に、直正は佐賀藩の軍艦で薩摩に斉彬を尋ねたが二人の間にそのような話が出て盛り上がったに違いない。

一方、二十四歳の大久保利通は三年余りの謹慎生活から解放され、記録所書役助に復職した。なぜか父の赦免は遅れ鹿児島の土を踏んだのはその二年後であった。

大久保は復職すると、精忠組の名で藩政府人事刷新の建言書を斉彬に提出したが容れられなかった。翌年精忠組は重臣暗殺を計画したがこれも斉彬に厳しく叱責された。大久保の父の赦免が延びたのはこれらが原因であると大久保は思った。

大久保は、西郷が斉彬のそばにいて活躍しているのを遠くから見るにつけ、身分の低い者がのしあがるには、権力者の心を捉えなければならないと強く心に決めた。

安政四年（一八五七）六月、一橋慶喜擁立派で斉彬と親しい老中阿部正弘が急死した。あとには反対派である譜代大名の中心人物、彦根藩主井伊直弼が大老に就任し、一橋派を弾圧する「安政の大獄」を行った。これに憤激した斉彬は非常手段に訴えようとした。

自分が育て上げた新式軍隊を率いて上京し、朝廷に幕府あての勅書を出してもらい幕政改革の目的を達しようとしたのである。

しかし、斉彬は炎天下の薩摩で練兵中に急死した。死因については、斉彬を嫌い愛妾お由羅の子久光にあとを継がせようとした父斉興の陰謀だといわれている。

薩摩藩の政情は一変した。藩主の座には久光の長子茂久（忠義）がついたが、実権は祖父の斉興にあった。斉興は幕府ににらまれるのを恐れ、斉彬の行った事業や軍備を縮小したり中止したりした。

西郷は安政の大獄から逃れ、近衛家から託された勤皇僧月照をつれて薩摩に帰ってきた。しかし、藩の空気が一変しているのに失望し二人で入水自殺を図るも月照は死亡し西郷はからくも蘇生した。

斉興はその西郷をすぐに奄美大島へ流罪とした。

吉之助は、亡き主君斉彬を敬愛していたので国父と称する久光を好きになれなかったし、久光もまた西郷を嫌いぬいた。

しかし、大久保は違っていた。お由羅派の追い落としを策した彼が斉彬亡き後は、手のひらを返して久光に近づくことに全力を傾注した。権力のある斉興は老齢で長くはないし、久光の子茂久は藩主とはいえ若くて力がない。久光が薩摩藩の実権を握るのも遠くはないと読んだのである。

西郷が流罪になった後、精忠組の中心人物となった大久保は家老の子息である岩下方平を入れるなどして、精忠組をそれまでの下級武士の集団以上のものにしていった。

大久保は久光に近づく方法を考えた。そして久光が囲碁を好み吉祥院の住職を相手にしていることを知った。都合のよいことに住職は精忠組の一員である税所篤の実兄であった。

大久保は税所を通じて吉祥院の住職に囲碁を教えて頂きたいと請い出て親しくなった。ある日、住職から久光が国学者平田篤胤の「古史伝」を読みたがっていると聞いた大久保は、奔走してその本を探し出し住職を通じて久光の手元に差し出した。そのとき本の中に自分の意見や精忠組のことを書いた紙を忍ばせておいた。こうして大久保は精忠組には知れないように久光に近づいていった。


安政六年（一八五九）隠居斉興が死亡し久光が藩政後見になった。しかし門閥重臣の勢力は強く久光は藩内に何の勢力も持ち得なかった。

精忠組は、斉彬の死後藩政が保守化したので藩の首脳部から嫌われ追いつめられていった。そこで彼らは過激な直接行動を計画した。同志四十名余が一斉に脱藩し幕府首脳を襲撃しようというのである。

そこで大久保は一芝居うった。同志には計画を煽り立てる一方、久光の側近にそれとなくそのことを洩らして久光の反応をさぐった。そして久光はその計画が強行されたなら必ずや薩摩藩は幕府からの処罰を受けるだろうと恐れていることを知った。

大久保は久光の側近を通じて、久光から藩主茂久に「諭書」を精忠組に出してもらうよう案を出した。「精忠士面々へ」と書かれた藩主直筆の諭書は異例なほど丁重であったので、精忠組の連中は感激し自分らが認められたと思い満足し鎮静していった。

それにより久光は精忠組を自分の統制下におくことができ、立場を強化し重臣勢力に対して優位に立つことができた。

これ以後、大久保は久光と表裏一体となっていった。


そのころ大地震が多く起こり、安政元年（一八五四）には下田地方の大地震でロシアの軍艦が大破し、翌二年には江戸が大地震に襲われ、藤田東湖が小石川の水戸藩邸で圧死した。

安政三年アメリカ総領事ハリスが着任し、翌四年ハリスと下田奉行の間で下田条約が調印され、将軍家定はハリスと引見した。

また、幕府は日米修好通商条約の可否を諸大名に問い、朝廷にもこれを報告した。このことは、今まで幕府がとってきた独裁政治にはなかったことで、これをきっかけとして諸侯（諸大名）やこれまで政治には無関係の場に置かれていた朝廷の発言力が次第に高まってきたのであった。

安政五年（一八五八）、朝廷は条約調印を許可せず、また将軍の後継ぎの問題がおこり政争の焦点となった。十三代将軍家定は生まれつき心身ともに病弱であったため、水戸藩主徳川斉昭、薩摩藩主島津斉彬、土佐藩主山内豊信、越前藩主松平慶永らは、英明で人望がある水戸の一橋慶喜を推し、それら雄藩の幕政への参加によって幕政を改革し対外危機に当たろうとした。

一方、彦根藩主井伊直弼が中心となり、譜代の諸侯や将軍側近派さらに大奥の実力者は現将軍と血のつながりの近い紀州藩主徳川慶福を推し、従来どおり幕閣独裁によって難局を乗り切ろうとして争った。

安政四年六月、一橋慶喜擁立派で斉彬とも親しい老中阿部正弘が急死し、翌年四月譜代大名勢力の中心人物井伊直弼が大老に就任した。

井伊は徳川慶福を将軍継嗣と決めた。それが十四代将軍家茂で当時十三歳の少年であった。井伊は同時に天皇の勅許を得ないまま日米修好通商条約の調印を強行し、それに反対する一橋派を厳しく弾圧した。いわゆる「安政の大獄」である。安政五年から六年にかけて、反対派は片っ端から処罰された。

徳川斉昭（前水戸藩主）　永蟄居
徳川慶篤（水戸藩主）　差控
一橋慶喜（一橋家主）　隠居、慎
徳川慶恕（尾張藩主）　隠居、慎
松平慶永（越前藩主）　隠居、慎
山内豊信（土佐藩主）　慎（後に隠居）
安島帯刀（水戸藩家老）　切腹
橋本佐内（越前藩士）　死罪
吉田松陰（長州藩士）　死罪
頼三樹三郎（頼山陽の子）　死罪
小林良典（鷹司家家臣）　遠島

このほか、切腹、死罪、獄死、遠島など百人余に及んだ。井伊はそれによって権威を示そうとしたのである。
井伊大老の独裁を阻止するため、暗殺を計画した水戸、薩摩の激派が脱藩して江戸に入り、安政七年（三月十八日万延と改元、一八六〇）三月三日、大雪の日に桜田門外で井伊を殺害した。

井伊大老の暗殺後政局は変わった。閣老となった安藤対馬守信睦ら幕府は、朝廷との妥協融和をはかる公武合体の策をとった。そして皇妹和宮の将軍家茂への降嫁を実現させようと京の公卿に働きかけた。万延元年（一八六〇）七月幕府は和宮の降嫁が実現すれば攘夷を行うとの誓約を孝明天皇に行い十月に勅許となった。当時侍従であった岩倉具視の意見書が孝明天皇を動かし、和宮は有栖川宮との婚約を解消させられた。
尊皇攘夷派の志士の間では皇妹を人質にとられたといって岩倉らに反感をもった。しかし、幕府の公武合体策に薩摩、土佐、水戸ら雄藩の藩主は賛同し幕政の大幅な改革（文久の改革）がすすめられた。

一方、開港によって引き起こされた物価騰貴は下級武士や庶民の生活を圧迫し、急進的な尊王攘夷運動がしだいに高まっていった。

尊攘運動の火元のような水戸藩では藩主斉昭が万延元年八月に桜田門外の変（三月三日）のあと病死した。その後同藩では、幕府の保守派をバックとする諸生党、薩摩長州の尊攘派と気脈を通じる天狗党激派、両派の中間にあって尊王敬幕を旗印とする鎮撫派の三派がしのぎを削って血で血を洗う内紛を繰り返していた。

もともと天保元年（一八三〇）に斉昭が藩主となって以来、斉昭と彼が抜擢した藤田東湖を中心とする改革派（天狗党）とそれに反対する保守派（諸生党、俗論党）の二派に分かれていた。保守派は斉昭の長男慶篤に味方し、安政の大獄後は改革派に弾圧を加えた。また改革派の中にも斉昭の政策にはやりすぎや誤りがあると言って反対する一派も出て争いはますます複雑になった。

新藩主慶篤は気の弱い人物であり、藩士の中にも中心的人物がいなかったので遂に水戸藩は維新から脱落していった。

一方長州藩においては文久元年（一八六一）より、藩主毛利慶親の信任厚い直目付長井雅楽《うた》の意見によって公武合体を唱え攘夷を不可として開国進取の方針をとった。長井雅楽は上京しこの意見をもって朝廷、幕府に盛んに説いてまわった。文久二年三月の頃ほとんど成功したと思われた時、藩内で尊攘派が勢力をのばして長井を弾劾し失脚させた。

それ以来、長州藩は尊攘派の主張する攘夷実行を目標として活発化していった。藩主毛利慶親は他の雄藩の藩主に比べると押しが強くなかったので、尊攘派の志士たちの藩主操縦は容易であった。慶親は、尊攘の志士たちの意見に対し「ウム、そうせい、そうせい」と言ったので、世間では「そうせい公」と言われた。尊攘派は藩の主導権を握り彼らは尊攘派の中心となり長州はその拠点となっていった。

もともと長州毛利藩には、西軍についた関ケ原の戦に負けて徳川に所領を三分の一に減らされた恨みが代々生きていた。毛利家の家臣はみな足を東に向けて寝るといった家風があった。そういうわけで公武合体論が受け入れられるはずがなかった。

一時的とはいえ長州の長井雅楽の公武合体を唱えた活躍は、薩摩の久光、大久保を刺激した。斉彬が、死ぬ直前に兵を率いて上京し朝廷と幕府の対立を調整しようとしたことを、久光は今度は自分の手で実行しようとしたのである。

しかし藩内の保守派は勿論のことかつて斉彬の方針に協力的であった家老の島津久徴までも時期尚早と反対した。

一方精忠組激派は、久光の上京を倒幕のための挙兵にしようと全国の志士たちと連絡を取り始め、激派と大久保の考えは溝を深めていった。そこで大久保は藩内を鎮めるために、島津久徴派にも精忠組にも人望のある西郷を大島から呼び戻すことを久光に願い出た。

大久保は、西郷が斉彬のもとで中央において活躍していたときの経験を利用しようという考えもあった。西郷呼び戻しの直前大久保は久光の命で上京し、島津家に縁故の深い近衛忠房に会って事前工作をしようとした。そのとき大久保は斉彬の寵臣であり各方面に名を知られた西郷の存在の大きさを改めて思い知らされたのであった。

文久二年（一八六二）二月、西郷は許されて三年ぶりに帰藩した。

鹿児島に戻った西郷を、若い藩士たちは歓呼して迎えた。しかし西郷は、敬慕する亡き斉彬公にとってかわった久光が、斉彬同様に千人の兵を率いて上京すると聞いて驚いた。

久光は無位無官である。藩主の父というだけでは中央では相手にされないであろうと反対し久光を怒らせた。西郷の協力を期待していた大久保は困惑したが、西郷を先発させ九州の情勢を探って下関で久光一行と待ち合わせることにして双方をなだめた。

文久二年三月十六日、久光は小松帯刀、大久保ら腹心と千名余の兵を率いて鹿児島を出発した。

久光の出発を知った日本全国の尊攘志士たちは、京都に集まってきた。そして彼らは佐幕派の九条関白酒井所司代を襲った。

彼ら尊攘派の志士たちは久光が公武合体を目指していることを知らなかった。それは久光や大久保が側近以外の藩士や精忠組にそれを知らせなかった秘密主義に原因があった。

久光一行に先発した西郷は、この状況をみて尊攘志士たちを抑えるためには自ら鎮撫せねば治まらないと決意し、下関で久光を待つべしという命令を破り京都に急行した。

それを知った久光は西郷が尊攘派を扇動するものと思い怒り狂った。西郷が鎮撫するために上京したことが分かっても、久光の怒りは治まらず再び西郷に遠島を申し渡した。

その日、大久保は「安心この上なく…」と日記に書いている。西郷が服罪せぬ場合の混乱をまぬがれたという本音が出ている。

密かに薩摩藩の船天佑丸に乗せられて鹿児島に着いた西郷は、弟妹に別れを告げることも許されず、徳之島から沖永良部島へと流された。そこは死罪につぐ重罪人の行く島でハブがすむところであった。二坪の檻のような牢舎に入れられた西郷は苛酷な環境により健康を蝕まれていった。しかし西郷の人柄を尊敬するようになった島の牢役人らの計らいによって密かに人並みの扱いを受けるようになっていった。

西郷が去り尊攘派を抑えるものはいなくなった。精忠組の激派有馬新七ら九人は田中河内介を首謀者として真木和泉（久留米）ら十三人と伏見にある薩摩藩の船宿寺田屋に集まっていた。

田中河内介は、明治天皇の生母中山慶子の実家である権大納言中山忠能の家臣で明治天皇の幼年時代に仕えた人物である。朴訥で謹厳な性格で中山邸で祐宮《さちのみや》（明治天皇）がお産まれになってから丸四年のあいだ誠心誠意をもって保育にあたった。祐宮が宮中に戻られてからは宮のために世の中を良くしようという尊王の心から、中山家を出て尊攘の志士となったのであった。寺田屋事件のときは五十歳をこえていた。

彼ら尊王攘夷派の志士たちは久光の上京と呼応してクーデターを起こし朝権を確立しようとしたのである。そのとき長州藩の久坂玄瑞一派と土佐藩の吉村寅太郎一派が待機し、豊後岡藩の重役小河弥右衛門一敏が多人数を引き連れて大坂から伏見に向かっていた。

久光はそれを知ると文久二年四月二十三日夜寺田屋に九人の刺客を差し向け上意討ちにした。薩摩藩士の間で大乱闘が起こり、二階にいた他藩士たちが気づいたときには有馬新七ら薩摩藩急進派の首脳は斬殺されていた。

この日、大久保はなぜか知恩院等に見物に行っている。久光の命を知っていた大久保の狡猾な保身術としか思えない。

この事件で最も悲惨な運命をたどったのは田中河内介父子であった。身柄を薩摩で預かるとだまされて、途中の海上で惨殺されたのである。船具の縄で両手を後手に縛り上げられ、足には木の足かせをかけられたまま、わき腹を刀でえぐられた二人の死体が小豆島の浜辺に打ち上げられた。衣服に名が記されていてこの陰惨な事件が明るみとなった。

明治の世になってから天皇が維新に功のあった面々に宴を開いて招待された。天皇は宴がたけなわになったとき「この宴に田中河内介がいたならば満足であるが、彼を殺したのは誰であろう」とのお言葉があった。このとき参与となっていた豊後の小河一敏も参席していたが、お言葉に感激し「田中河内介を殺した者は、この大久保でございまする」と大久保を指さした。その言葉に大久保は震え上がった。

寺田屋事件は、一時的に久光の公武合体論を有利にした。尊攘派は鳴りをひそめ、朝廷はそれまで久光の行動に疑心暗鬼であったがこの事件で態度を変え、久光に浪士取締りの勅命を与えた。幕府も同様で久光の申し入れで安政の大獄で連座した一橋関係者の罪を許した。

大久保は久光の片腕として走り回った。三月六日には朝廷の実力者岩倉具視邸を訪問している。初めての対面であった。

文久二年五月二十二日、大原重徳《しげとみ》が勅使となり久光の率いる薩摩の軍勢に守られて江戸に向かった。

その勅命とは、

一、将軍がすぐに諸大名を率いて上洛し、朝廷と攘夷の方策を協議すること。
二、豊臣氏の例にならい、沿海の五大藩を五大老に任命し、国政と攘夷の責任をとらせること。
三、一橋慶喜を将軍後見役、松平慶永を大老として幕政を改革すること。

の三策であった。第一策は尊攘派及び長州の主張、第二策は薩摩藩を牽制するための岩倉の主張であった。このように、久光には亡き斉彬ほどの実力も威力もなかった。

六月七日勅使一行は江戸に着いたが久光は無位無官の身であるというので、登城することもできず二十日を過ぎても幕府からの返答はない。幕府は久光が江戸に着く前に、江戸にいた長州藩主毛利慶親に公武の周旋にあたるようにと委嘱していたが、慶親は久光が江戸に到着する前日に急に江戸を出発し中仙道を通って京に向かっていた。第一策の将軍上洛のことは長州の意向を汲んですでに六月一日に幕府から発表されていた。

久光は面目にかけても勅旨を承諾させねばならぬと考えた。そこで武力による脅迫に訴えた。老中を殺害する決意のあることを大原勅使を通じ板倉、脇坂両老中にほのめかしたのである。幕府は薩摩藩の暴力を恐れた。

七月六日慶喜が将軍後見職に、七月九日慶永が政事総裁職（大老）に登用された。

しかしこのことは久光が考えた公武合体方針とは反対に、幕府の無力が明らかになる結果となり、かえって尊攘派に有利に働いたのであった。

六　京の政局調査

七月中旬に京に着いた新平がまず訪れたのは長州藩邸であった。そこには、亡き友中野方蔵が江戸で親しく交友していた久坂玄瑞がいるはずであった。あいにく久坂は攘夷活動のため江戸に潜入していて留守だったが、桂小五郎がいた。

桂小五郎は新平より一歳年長で三十歳であった。

当時、桂は京で飛ぶ鳥を落とすほどの勢いのあった長州藩の重役で絹服を着用していたというのに、新平は佐賀藩の規則である木綿の衣服でそれも旅の埃にまみれた姿で長州藩邸の門前に立った。不思議そうな顔をする門番に大声で「余は佐賀藩亡命の者なり」と臆することなく告げた。身なりに似ない堂々とした態度に、桂の門下生が出てきて姓名を聞くと「亡命者に名はない。ただこのことを主人に告げられよ」といった。佐賀からの亡命者と聞いた桂はすぐに会った。それまで佐賀藩からの脱藩者は一人もいなかった。

佐賀藩は長崎の警護を口実に、藩の砲術装備を最新式のものにするとともに藩軍を洋式体制とした。さらに日本初の反射炉をつくり製鉄を行った。

また、有明海に注ぐ筑後川河口近くの三重津には、有明海の潮の干満差の大きさを利用したドックをつくった。満潮時に船を入れ干潮時に入り口を閉めるという画期的なものである。外国から買った軍艦さえも手入れできる大規模なドックであった。

そして、久留米藩から、若い頃「からくり儀右衛門」といわれた田中久重を招聘し、蒸気船凌風丸と蒸気機関車を建造した。

藩主直正はこの藩内事情を極秘にするため、佐賀の二重鎖国をますます厳重にしているという噂は京にまで広がっていた。

したがって京の志士たちの間では佐賀藩の評判は非常に悪かった。そこに飛び込んできたのが江藤新平であった。

そのころ京の長州藩邸には、勤皇の志士と名乗る諸藩からの脱藩浪人たちがよく訪ねて来た。それらの脱藩浪人は勤皇の名のもとに時流に乗じようという功名心を露にし、自藩の悪口を言う者が多かった。しかし佐賀からの亡命者と称する質素な身なりのこの男は、口を開くと桂を驚かす才気と能弁の持ち主であった。桂は、今までに知り合った中では第一の人物であると日記に記した。そこで、新平に京での宿泊の世話をするとともに特別の配慮をもって遇した。そして公卿の中で特に嘱望していた姉小路公知を紹介した。田舎侍の新平にとって姉小路卿はまさに雲上人であった。

当時、姉小路は三条実美とともに京都尊攘派の中心人物といわれていた。岩倉具視は朝廷と薩摩藩の間にたって強い政治力を持っていたが一般の信頼がまだ薄かったし、三条実美は品性が高く公卿の間では傑出していたが実行力に乏しかった。

新平は姉小路について、自分の報告書である「京都見聞」に「姉小路殿はまだ二十五歳ではあるが、才気能弁のお方で天皇の覚えも一通りではない」と記し望みを託した。

新平が姉小路卿と会見したとき、卿は佐賀藩の日和見をするどく突いてきた。「貴藩の直正公の上洛の件はどうなっているのか、またわが国の行く末についてはどう思っているのか」と厳しかった。これでは、新平が佐賀藩の代表者のようである。

姉小路卿が、新平をただの田舎侍ではないとみたのは桂小五郎の推挙によるだけではなかった。新平が日ごろ父から受けていた薫陶が役にたった。「我が家は落ちぶれたとは言え高見王の子孫である、それに恥じないようにせよ」というのが父の口癖であった。また、江藤家が古くから尊王家であることに強い誇りを抱いていたので、生まれて初めて貴人の前に出てもおじけづいたり卑下することもなかった。

新平は姉小路卿の追及に対し、藩主直正の持論である「長崎警護」をたてにとって懸命に弁明した。これに対し卿が「それでは若し上洛せよとの内命があったらどうするか」と問われたので「ご内命くだされば、上洛は申すまでもありません」と答えた。

直正の上洛は新平自身が切に願っていることである。新平は藩の重役と同志たちに「姉小路卿との問答始末」と題して、会見の記録を佐賀に送った。

姉小路卿は新平とのたびたびの会見によって、新平の誠実な人柄や広い視野と学識に惚れ込み、自分の側近として京都に留まることを勧めた。

新平が姉小路の側近となることは政治の中心におられることである。下級武士の身にとっては夢のような話である。もし新平が出世主義の人間であったなら喜んでうけたであろう。しかし新平はそれを固辞した。自分のことより佐賀藩が勤皇に立ち上がることを望んでいたのである。

姉小路卿の信任を得た新平は、卿を通じて天皇への建白書「密奏ノ書」を奉った。

孝明天皇は強い攘夷論者であった。密奏ノ書には、政情不安の中で攘夷を行うことは、清国がイギリスによってアヘン漬けにされ骨抜きにされたように危険であると記した。そして当面の外交問題が、皇権回復の好機であると訴えた。幕府に不平等条約を締結させず、大藩を上洛させたうえで親兵（士族兵）と農兵（庶民兵、志願兵）を組織して逐次皇権を拡張し王政復古に持っていくという考えをのべた。

新平が姉小路卿に説いたのも同じ考えである。公卿の中で傑出していた姉小路卿は新平の説を理解した。

翌年、姉小路卿が勝安房（海舟）の軍艦に乗って大坂、兵庫等を視察したのも、当時朝廷で盛んであった攘夷論が危険なことであるという新平の説を理解したからであった。姉小路は勝の進言を入れ大坂、兵庫等の軍備拡張を朝廷に建言した。しかし視察の十日後に暗殺されてしまった。そのとき三条もねらわれたが、護衛が厳重であったのでまぬがれた。犯人は薩摩の者といわれている。

新平が上京した文久二年（一八六二）は、尊攘派の擁する長州藩主毛利敬親と公武合体派の薩摩藩主の父島津久光との軋轢が甚だしく、朝廷は両派に挟まれて動揺するばかりであった。このときにあたって薩長の間を周旋することができるのは佐賀藩の鍋島直正公しかいないと新平は思った。新平は直正が上洛し王政復古の立役者となることをますます願うようになった。

その折から、直正が上洛するとの報があった。新平は大いに喜んで同志の大木民平、阪井辰之丞あてに京都の情勢と自分の思いを知らせる手紙を書き、直正公に伝えてもらい直正公の興起を期待した。

手紙には、「京にあっては、長州は私心を抱き、その他の藩も勤皇は当然、攘夷は急務と考えているだけである。一方薩摩等の公武合体派は根本方針や原則を持たず、もはや有名無実の存在であるが、両派の確執は内乱さえ起こしかねない状況である。幕府が恐心をもって条約に応ずれば彼ら列強は益々虚喝を募るだろう。また、攘夷派が行動を起こせばアヘン戦争により清国がイギリスの支配下に置かれたようになると思われ危険である。したがって、今日の急務は皇室独立の基礎を固くし、人心を固め和すべき条理を定め列強と対等の立場に立たなければならない。京における直正公に対する朝廷や有識の士の人望は厚く、直正公が上洛すれば諸藩はその指揮に従うだろう。今般御上洛いただければこの御一挙は実に一大事である」と熱く述べている。

しかし上洛は直正が病気になったというので延期されてしまった。もしこのとき直正が上洛していれば、佐賀藩が出遅れることはなかったであろう。

武市半平太ら土佐藩の志士たちの建言をいれた土佐藩主山内豊範が上洛し、三条、姉小路の護衛に選ばれたのはその二ヵ月後であった。

新平は、在京の二ヵ月間に調査、見聞したことを「京都見聞」として細かく記録していた。

それによると、当時の政治上の動きが漏らすことなく記されている。新平がいかに姉小路の信頼を受けていたか、また桂小五郎から情報を収集することにいかに懸命であったかが分かる。

「京都見聞」には

一、島津久光の動きに関すること

一、「寺田屋事件」の顛末に関すること

一、公武合体についての薩摩と長州の軋轢

一、長州の永井雅楽は薩摩の久光を幕府にとりなした恩人であるのに、大久保がスパイを使って永井を失脚させたこと

一、豊後岡藩では、重役の小河始め四十人が主命によって亡命し寺田屋に合流しようとしたこと

一、薩摩は五十万両、長州は十万両を使い屋敷の購入、朝廷工作に使っていること

一、薩摩は京に三百人伏見に五百人、長州は京に九百人おり、土佐は五百人が、肥後、筑前、久留米も上京する予定のもよう

等々を詳細に述べている。

また、新平は姉小路から強い信頼を受けていたので、姉小路の紹介による左大臣近衛忠煕から「天下の重大事を任託し、諸藩をすべて服従させることのできるのは、島津斉彬、徳川斉昭なきあとは、鍋島直正である」とのお言葉を賜ったと記している。

新平は直正の上洛を待ちきれず佐賀に帰る決心をした。

それを聞いた桂小五郎は「いま帰藩することは余りにも危険だ」と引きとめた。新平はもとよりそれを承知している。しかし彼は脱藩したときから勤皇のため日本国のため

命を投げだしていた。

京に残れば、秘密文書さえ見せてもらえるほど姉小路に信頼されているのに、佐賀藩では貿品方の手許役という下っ端の役しか与えられていない。それどころか脱藩は死罪という重罪が厳としてそこにある。しかし新平は今こそ直正の出馬を願わなければならないと決心した。

それも天保の改革のおり、領民を思い進歩的な均田法等の改革をなしとげた直正公こそが日本を救うことのできる人であると確信していたからであった。

京を出発した新平のふところには、油紙に包んで大切に結ばれた「京都見聞」の書類が入っていた。

ところで、文久二年（一八六二）脱藩上京した新平が頼っていった先の桂小五郎のもとで下僕として働いていたのが伊藤俊輔（博文）であった。

伊藤の父は周防の百姓であったが萩へ出て働き、金を蓄えると長州藩の足軽伊藤直右衛門から足軽の株を買って伊藤を名乗るようになった。

博文が明治政府の要人となったのは、ちょろちょろと走り回り周旋能力に長けていたからである。

博文は十三歳で学問所に通い同門の中で評判になった。十五歳で親のもとを離れ相州(神奈川県)宮田にあった長州藩の陣屋を預かっていた来原良蔵の下で働くことになった。それによって伊藤の運が開けた。来原の妻は桂小五郎の妹であった。

年番の期間を終えて帰国するとき、来原は伊藤に吉田松陰あての紹介状を与えた。松陰の門下生となった伊藤は仲間に鍛えられたが、安政の大獄で松陰が井伊大老に斬られたあとは、桂小五郎の許に引きとられ桂の手足となって働くようになった。そこでも足軽出身ゆえの苦労をなめたが、桂の引き立てによって尊王同志の中で知られるようになってきた。

桜田門外の変、坂下門外の変のあと、桂とともに江戸から京の長州藩邸に移り桂の秘書役を務めた。伊藤は苦労してその地位を得ただけに人一倍走り回り働いた。

桂小五郎は、新平を姉小路に引き合わせる前に、新平の身なりを整えるよう伊藤に命じた。

何しろ新平は一生涯服装に気を遣ったことのない男である。「佐賀藩では絹物はご法度です」と辞退したが「京には京のしきたりがあります」とばかりに、無理やり古着屋に連れていかれた。

七　永蟄居

　新平が京を発ち帰国の途についたころ、佐賀藩庁には大坂にある佐賀藩邸の目付け福岡義弁から、「江藤新平なる者が、京で尊王論を鼓吹し尊攘派の志士と結託して、幕吏の間にまで大政奉還を論じている」との報が届いた。幕吏が福岡義弁に告げるまで大坂の佐賀藩邸では新平の動静に気づかなかったのであった。

　しかし、新平は佐賀をでたのち父の手を経て上申書を藩庁に提出している。それゆえ父江藤助右衛門胤光は藩から謹慎を命じられていた。幕府の役人から注意があるまで、佐賀藩は新平を自由にさせていたのである。

　鍋島閑叟（直正）は、「江藤捕縛」の命令を押さえ、父助右衛門の謹慎をといて新平を探し出し連れ帰るよう命じた。佐賀藩の力をもってすれば老父に命じるより余程てっとり早く捕らえられた筈である。これはあくまでも新平を罪にせぬための閑叟の恩情であったのである。

江藤家では父の俄かな旅立ちの費用に苦慮した。二ヵ月余り前に新平の上京のために少なからぬ金を準備したばかりである。家にある着物等不要不急のものを売ってようやく何とか用意したのであった。父助右衛門胤光が中村平佐衛門を供にして佐賀を出たとき新平はすでに博多まで来ていた。平野國臣と馬関（下関）で会う約束であったが、平野はそのとき自藩の手によって伏見から福岡に護送された後で入獄していて会うことができず、そのことを佐賀の同志の古賀一平に手紙で知らせた。

古賀はそのときも佐賀と筑前の国境である三瀬の番所の役人であった。新平の父が番所を通り過ぎて山路を北へしばらく歩き、峠の茶屋で一息いれているところへ飛脚が飛んできて古賀の手紙を渡した。

「新平殿からただ今手紙が来て、すでに博多まで立帰られしとのこと。しかれば貴殿と同行して新平殿と面会いたしたく、この手紙を受け取られし所でお待ちくだされたく……」というものであった。

助右衛門はそこから古賀とともに博多に行き、これまた運良く佐賀に向かう新平と博多の中島橋の上でばったり出会い、難なく伴って帰ることができた。


新平をむかえた佐賀藩では、かれの処置をめぐって藩論が紛糾した。先ごろ新平の親友中野方蔵が江戸で獄死したとき藩は中野の家禄を没収するという苛酷な処置を行った。それにもかかわらず閑叟は新平の持ち帰った「京都見聞」を提出させた。「京都見聞」は閑叟をはじめ上層部の進歩的な人々を感動させた。

それに反して保守的な家老の原田小四郎らは、下級武士である江藤新平の出すぎた行動を許すことができなかった。藩には「脱藩は死罪」という掟が厳然としてある、ここで江藤を許せばしめしがつかない、「藩政の統率上厳刑に科し、首を斬るべし」と閑叟に言上した。

一方若くて進歩的な佐賀支藩鹿島藩主鍋島直彬は、「江藤は国家有為の人物である。今彼を戮するは人材を失うものである」と強く反対し、遂に激して「もし彼を刑するならまず直彬席を汚して自裁する」とまで言い切った。

閑叟も「彼は他日有用の器である」と罪を許そうとし、江藤の処分はそのままにして京に向かった。新平の持参した「京都見聞」が閑叟に上洛を決意させたのであった。

文久二年十一月十五日閑叟は佐賀を出発し、同月二十四日に京都に着いた。新平が身命を賭して願ったことがようやく実現したのであった。しかし、閑叟が参内を許されたのは十二月十九日であった。閑叟は「伏見において京都防禦のことを我が藩に委任されんことを」と朝廷に奏上した。

当時京都では、島津久光一行が江戸にいた約四ヵ月の間に政情は急変し、尊攘派勢力が圧倒的になっていた。その中で閑叟は佐幕派とみられていたから、新平のような尊攘派や公卿の間に信用のある藩士が前もって下工作をして、各方面の了解を得ていなければうまくいく筈がなかった。案の定、朝廷は閑叟の提案を疑って採用しようとはしなかった。

閑叟もそれを予想していたのかもしれない。朝廷に対する布石の必要性を新平の「京都見聞」の中に見出していたからである。

朝廷は代わりに、閑叟に公武間斡旋の勅命の伝達を命じた。閑叟はそれを受けると翌日の十二月二十日には京を発ち、文久三年（一八六三）正月六日江戸に着くと、藩邸にも立ち寄らず江戸城に向かい、勅命を伝えた。

老齢であり病身の閑叟にとって、精一杯の朝廷に対する奉仕であった。

江戸城は閑叟を非常に歓待した。

「今般お越しいただき大儀である。以後、心付け等は気にせず気軽に時々お越し頂きたい」と、将軍家茂の挨拶があったほどであった。翌七日には、幕府の参与にとの話があったが閑叟は辞退した。

月末になってようやく勅命に対する請書を得た。その間幕府が請書を出ししぶったのに対し、激しい文言の督促状を出したのである。

二月八日京都に着くと、鷹司、近衛卿らを訪ね江戸の状況を報告し、幕府の請書を提出した。十四日になってようやく参内の命を受けたが、長旅に疲れが出て閑叟が発病したため、参内は延期となってしまった。

そこへ、幕府は所司代を通じて帰藩を命じてきた。生麦事件のためイギリス軍艦が渡来するから、急ぎ長崎警護のため帰藩せよというのである。

生麦事件はその前年の文久二年八月二十一日、大原勅使の護衛として江戸に向かった島津久光一行が、和宮の将軍家茂への降嫁等により、公武合体が思いのほかうまくいったため、意気揚々と京に向かう途中におきた。一行が武州生麦村（横浜市鶴見区）にさしかかったとき、イギリス人リチャードソンら数人が騎馬で行列の先頭を横切った。その無礼に怒った供頭、奈良原喜左衛門らがリチャードソンを斬殺し、他の二人を傷つけた事件である。

閑叟は、幕府から命令があったことを朝廷に奏して進退伺いをしたところ、朝廷は長崎警護のため、一刻も早く帰国せよと仰せられた。

閑叟は新平の期待もむなしく三月上旬に帰藩したのであった。

閑叟が上洛する一ヵ月前には、三条実美が正使、姉小路が副使となり、大原勅使についで二回目の勅使として、将軍家茂に攘夷の督促と、親兵設置の勅諚を伝えるべく江戸に向かった。このころが長州を中心とする攘夷派が、京都朝廷において最も勢力を振るっていたときで、翌文久三年三月将軍後見職徳川慶喜が、つづいて将軍家茂が上洛参内し、攘夷期日を五月十日と天皇に奉り告げた。

新平は攘夷の詔勅が長州藩に発せられたと聞き、謹慎中にもかかわらず大木民平（喬任）と筑後川を渡り、藩境を越え筑後の久留米藩へ向かった。この頃は新平はまだそれだけの自由な行動ができたのであった。

久留米では、攘夷派の中心人物の一人で、京都でも活躍している真木和泉を訪ねたが不在で、和泉の弟が長州藩の攘夷詔勅の使節一行の宿へ二人を案内した。

長州藩士土屋矢之助、瀧弥太郎、佐田伯茅らが二人を迎え、攘夷のために佐賀藩の大砲を貸して欲しいと依頼した。新平は自分は謹慎中であるし、現在の佐賀藩の状況では困難であろうと答えた。しかし大木は私が尽力して佐賀藩の大砲で長州藩を応援する、もしそれができなかったら首を進呈するとまで言うので、新平も努力すると答えざるを得なかった。しかし藩論を動かすことはできず、維新後に佐田伯茅は大木に「君の首はまだ預けておく」と言ったという。

長州藩は攘夷期日が来たとして下関海峡を通過するアメリカ商船やフランス、オランダの軍艦を砲撃したので、六月一日にアメリカ、フランス、イギリス、オランダの四か国艦隊が長州藩の砲台を報復攻撃した。それにより長州藩は壊滅的な被害をうけた。また七月二日には、生麦事件の報復のため、イギリス艦隊七隻が錦江湾に来て、薩摩藩の砲台を攻撃した。こちらも甚大な損害をうけたが、この戦いで最も勇敢に戦ったのは、寺田屋事件以来謹慎を命じられていた旧精忠組の下級武士たちであった。

彼らはその功によって勢力が復活し発言力を増した。そこで沖永良部島に遠島になっている西郷隆盛の赦免に動きはじめた。黒田清綱、伊地知正治らは当時お側役という重役に昇進していた大久保利通に、西郷赦免を久光に取りつぐよう頼んだが、大久保は動こうとはしなかった。黒田らは久光の信任厚い高崎正風、高崎友愛を通じて嘆願した。久光は西郷を嫌っていたが、藩内での久光の勢力は低下していたので西郷の赦免を認めざるを得なかった。

翌文久四年（一八六四、二月二十日に元治と改元）二月、西郷は二年二ヵ月ぶりに鹿児島に帰りすぐに京にのぼって軍賦役に任命された。西郷の赦免のためには動かなかった大久保は、久光と西郷の確執が生じなかったことを知ると、伏見の寺田屋で歓迎の宴を催した。このことからも分るように大久保は常に久光と自分との関係のことを気にしていた。

薩英戦争の一ヵ月半後、京都では公武合体派による宮中クーデターが起きた。文久三年八月十八日の政変といわれるものである。

そのころ京都を制圧しているかにみえた長州藩を中心とする尊攘派勢力に対し、公武合体派は薩摩藩と会津藩の武力をもって巻き返しを図り、尊攘派を京都から一掃し政局の主導権を奪取したのである。

その三ヵ月前の五月に尊攘派の公卿姉小路公知が暗殺されたが、その下手人が薩摩藩士であったところから、薩摩は宮門の護衛を解かれ藩士の出入りを禁じられた。窮地に追い込まれた薩摩藩は会津藩に接近したのであった。

孝明天皇は攘夷論者であられたが、現実の政治は公武合体で行おうと思っておられたので、長州藩に対し「対峙の場所から退去すべし」との勅命が下った。尊攘派の真木和泉、久坂玄瑞、桂小五郎らは指名手配され、三条実美ら七卿は長州に落ちていった。

佐賀藩では、この情勢に呼応するかのように一年間保留されていた新平の処分問題がにわかに起きた。

新平が京都で交際したのが姉小路、桂をはじめとする尊攘派であったので、朝廷や幕府に対する佐賀藩の忖度であった。

また、姉小路から自分の側近となるよう勧められたのを新平が辞退したため、かわりに姉小路の家司となっていた土佐藩の武市半平太も、藩主の命により投獄され後に死罪となった。

佐賀でも家老原田小四郎が「江藤を死罪に」と三度まで閑叟に迫ったが、閑叟は聞きいれなかった。


帰藩して一年のあいだ何の沙汰もないまま過ごしてきた新平に、突然「江藤新平、親族付添の上、即時出頭すべし」という藩庁からの命が下った。新平が脱藩して以来、謹慎を命じられがっくりと身体の弱った父に代わって、弟の柳川源之進（江藤源作）が、また村組合からは南里新八が付き添って、家老鍋島志摩の屋敷に出頭することになった。

江藤家では、父母をはじめ家族一同今さらと驚くとともに、いよいよ来るべきときが来た、必ず切腹であろうと覚悟した。新平はかねてから用意してあった新調の白の着物の上に紋服を着て家族の涙に見送られて家を出た。

家老鍋島志摩の広大な屋敷の大広間の末座に、新平を中にして待つうち、付き添いの南里が厠に行くと言って座を外したまま戻ってこない。

見るとはるか上座に黒塗りの机がありその上に三方が載せられそこに宣告書がある。源之進は「兄上、あの宣告書を見て参る。もし死罪ならここより脱したまえ」と兄の耳にささやくと、すばやく席をたった。源之進は兄のような秀才ではないが身のこなしが軽く気骨の持ち主であった。四間ばかりを足音を忍ばせて走り宣告書を開いた。中には「永蟄居」の文字があった。源之進が座に戻りそのことを新平に伝えると、まもなく南里が戻ってきた。

それからすぐに鍋島志摩が着座し、永蟄居の宣告を行なった。新平はじめ源之進、南里は深々と礼をして退去した。

文久三年八月のことであった。

新平の無事な姿を見て家族一同喜びに浸ったが、たちまち生活苦が襲ってきた。永蟄居になっても家禄を没収されることはなかったが、以前あった役職手当がなくなったのがいたかった。そのころの下級武士は家禄だけでは生活できなかった。それに永蟄居であるので、新平も当分の間は一歩も門外に出なかった。そんな中で、下男の嘉七は江藤家のもとを離れず何かと力になってくれた。そのころ佐賀藩では火術の研究が他藩より進んでおり、鉄砲の弾を作る内職が盛んであったので、嘉七がその仕事を探してきた。新平も読書の合間にその内職に励んだ。

後年、戊辰戦争のとき新平が鉄砲の弾作りに詳しいことに大村益次郎が驚いて「さすがに佐賀藩だけのことはある」と感心したので「実は内職で弾作りをしていた」と馬鹿正直に答えたという。

八　長州征伐

三条実美ら七卿が長州兵に守られて萩へ落ちて行ったあとの京は、新撰組の天下となった。文久二年（一八六二）に江戸取締りのため結成された浪士組が、翌三年の将軍上洛のとき列外警備として京都に入った。その中で近藤勇ら二十四人が京都守護職会津藩主松平容保の配下となって、京に残り新撰組となった。

当時、幕府は旗本八万騎といわれながら、浪人を傭わなければならないほど士気がみだれ衰退していた。旗本の中には京都に行かずともよいようにと、五歳や七歳の子に家督を譲る者さえ出る始末であった。

新撰組は、攘夷派浪人の取り締まりにあたり大いに働いて勢力をのばした。翌元治元年（一八六四）六月、新撰組は攘夷派志士多数が京の池田屋に集結しているところを襲撃し、大打撃をあたえた。

その時桂小五郎は内妻幾松の手引きで、かろうじて京を脱することができた。

土佐藩では、武市半平太が藩主山内容堂によって投獄され、切腹を申し渡された。同じころ平野國臣は七卿の一人沢宣嘉を推して挙兵したが捕らえられ殺された。水戸藩では尊攘派の天狗党が挙兵したが、幕府軍に降伏して刑死したので尊攘派はほとんど壊滅した。

巻き返しを謀った長州藩は大坂から京都に向かい、幕府、会津、薩摩、桑名の連合軍と交戦し、久坂玄瑞、真木和泉らが戦死した。世に言う禁門の変（蛤御門の変）である。

幕府は長州征伐の名目ができたので、長州を朝敵として諸藩に出兵を命じた。第一次長州征伐である。征長総督の参謀となったのが、二度目の流罪から許されて鹿児島に帰った西郷隆盛であった。

西郷は長州藩の中に、保守の俗論派と、尊皇攘夷から倒幕へと転回していく正義派との対立があるのに目をつけ、戦わずして勝つ方策を考えた。下関事件、禁門の変の失敗によって正義派が退いたのを見て、西郷はその責任者の三家老を処罰した。

そして三条実美ら五卿を、以前から交流のあった黒田藩の月形洗蔵、早川勇等へ働きかけて、古くから遠の都といわれていた大宰府に移すこととし、幕府の不満を抑えながら戦をおさめた。

このとき、西郷は幕府の軍艦奉行勝海舟と大坂で会見して互いに肝胆相照らす仲となった。それは慶応四年（九月八日に明治と改元）（一八六八）の江戸城明け渡し交渉に先立つ三年半前のことであった。

長州では、下関事件でイギリス、アメリカ、フランス、オランダ軍艦に報復されたのが契機となり、文久三年（一八六三）六月藩庁は百姓、町人からも有能な人材を登用するようになった。山県小輔（有朋）、伊藤俊輔（博文）らも足軽から侍へと引き上げられ、以後こうした抜擢がしばしば行われた。

同じころ、高杉晋作による奇兵隊が結成された。封建的身分にかかわらない軍隊の編成である。このような軍隊は次々に結成され諸隊といわれた。俗論派に占められた藩庁は、諸隊を解散させようとしたが、諸隊には領民の支持があり、次第に強力になっていった。元治元年（一八六四）十二月から翌年正月にかけて、高杉晋作らは俗論派の藩庁に対して叛旗をひるがえした。瀬戸内海沿岸の郷士や豪農たちは諸隊を支持し、一ヵ月の戦いで諸隊を率いた正義派が圧倒的な勝利を収めた。藩の主導権は高杉晋作をはじめとし、禁門の変後但馬に潜伏していた桂小五郎や伊藤、井上聞多（馨）、広沢兵助、前原一誠ら、主として松下村塾門下生によって占められることとなった。長州軍の指揮者には、医者から蘭学をおさめた村田蔵六（大村益次郎）が抜擢された。このようにして長州では、民制、軍制を整える様々な改革が行われていった。

一方、薩摩藩では第一次征長の役が片付くと西郷は藩に帰り勝海舟と話し合った賢侯会議の実現を大久保に説いた。大久保は西郷に代わって京に上りその実現の準備のため奔走した。

そのころ京都の政情に暗い幕府首脳は、第一次征長が思いのほか簡単に片付いたのに自信を持ち幕府勢力の復元を策した。幕府は長州に対し高姿勢を続け、藩主父子が江戸召致の命を拒むなら将軍自ら赴いて討伐すると称し、いよいよ第二次長州征伐は避けられない情勢となった。

ところが、薩摩藩は「生麦事件」によりイギリスから錦江湾の砲台を攻撃され大負けしたので、攘夷は不可能という現実を悟り開国派が台頭していた。そこで公武合体路線を改め幕府から離れることとなった。

この時期、薩長は同盟するまでには至っていないが二雄藩が同じことを考えていたのであった。慶応元年（一八六五）閏五月十六日、将軍家茂は江戸城を出て上洛の途についた。それによって京都における幕府の権威は高まったかのように見えた。

そのころの新平は佐賀の丸目村の私塾の塾頭をしていた。そして永蟄居の身ではあるが、各地の同志からの手紙や副島、大隈ら藩内の友人からの情報を分析して正確に政局の動向を察知していた。

ところが佐賀藩首脳部は幕府の命に従って、山陽、山陰、南海、西海道の諸藩とともに征長の兵を発し幕府領小倉へと向かった。しかし、小倉までは行かず手前の木屋瀬に滞陣して動かずにいた。

慶応元年九月薩摩藩は討長の命を断った。また、尾張、越前、紀州、備前、因州、芸州、阿波、肥後、筑前などの諸藩がいずれも幕府の行動に賛同していない。第一次征長の総督をつとめた徳川慶勝でさえ「再征の理由が明らかではない。なおいっそう評議すべし」と言っている。

そんな中で薩摩、長州に劣らぬ軍事力を持つ佐賀藩の去就はなお不明であった。かつて文久三年の正月、閑叟が上京したとき朝廷より、長崎警護のため急ぎ帰藩されよとのお達しの書を得たが、それから三年間上洛どころか佐賀から一歩も出ていない。尊攘派は佐賀藩を佐幕派と見ている。新平は在京の他藩の同志から、佐賀藩に対する評判の悪さを知らせ聞くと、何とかしなければ佐賀藩が危ないと思いつめた。

新平は、慶応元年(一八六五)二月から大宰府の延寿院に移されている三条実美に面会しようと決意した。十二月のことであった。

佐賀から大宰府へは遠まわりでも同志の古賀一平が番所の役人をしている三瀬の峠を越える道を行った。

古賀は、大木民平(喬任)、新平とともに佐賀の三平といわれた勤皇の志士である。新平は藩を出るときには必ずこの道を通っている。

大宰府に着いた新平は、五卿の警衛の牟田口孝太郎を介して三条に面会を申し入れたが、佐賀藩士というだけで警戒された。そこで、牟田口とともに水野渓雲斎の家に行き、そこで土佐藩士土方久元を紹介された。土方は三条の信任を受けていたので、新平はようやく三条に会うことができた。

新平は三条に、かつて文久二年（一八六二）に姉小路と問答したときと同様、佐賀藩の長崎警護を盾にとって閑叟が佐賀を動かぬ理由を申し述べた。それに朝廷からのお達しの書があることも力説した。

三条は、新平が今は亡き親友姉小路の知遇を得ていたことを知り、新平の佐賀藩に対する弁明を納得した。この会見が、のちに鳥羽伏見の戦いにおくれをとった佐賀藩を救う布石になった。

新平は藩庁に知られることもなく無事に帰宅できた。しかし母や妻は新平が家を空けるたびに蟄居の身を案じて肝の冷える思いがした。

九　薩長提携

ぬるま湯に浸っているような佐賀藩をよそに政局は大きく動いていた。禁門の変では幕府側について長州と戦い、また長州征伐（征長の役）でも長州を敵とした薩摩藩が長州と手を結ぶことになったのである。それは慶応二年（一八六六）正月、京都薩摩藩邸において土佐の坂本竜馬の周旋により西郷隆盛と木戸孝允（桂小五郎）の間で行われた。

このとき幕長戦争を予想して薩長二藩の協力体制が決まった。

その前年七月、新平が藩首脳へ提出した上申書に記したとおり薩長の提携は密かに進められていた。長州は来るべき幕府との戦いに新鋭の武器を必要とした。しかし英、仏、米、蘭の四ヵ国は、日本の内戦に中立、不干渉の共同覚書に調印していたので、公然と長州に武器を売るわけにはいかなかった。

しかし同じ年、アメリカでは南北戦争が終わったので不要となった大量の小銃等が安い値で手に入り、儲けも莫大であったのでイギリス商人グラバーら武器商人は何としてでもこれらを売りたかった。

グラバーと坂本の手引きによって、長州藩は薩摩藩の名義で小銃購入の契約をした。その数七千三百梃、九万二千四百両に上っている。これらは薩摩藩の船で長州領内に運びこまれた。

坂本は土佐の脱藩藩士ではあるが、裏では土佐藩が資金援助をした。そこで、グラバー、土佐藩、坂本に莫大な利益が転がりこんだ。慶応元年五月、坂本は長崎の亀山に「社中」をつくり海運業を始めた。これがのちの「海援隊」となったのである。

そのころイギリスが薩長に接近したのに対抗して、フランスは幕府に反英宣伝を行い幕府を援助した。第二次長州征伐（長州再征）はこのような国際間の利害の対立のもとに火ぶたを切った。

慶応二年六月七日、長州再征は幕府軍艦が周防国大島を砲撃したことに始まった。戦いに臨んで長州では挙藩軍事体制をとり、郷土防衛の意気に燃えていたし、民衆も藩兵を支持した。これに対し幕府側は士気が全くふるわず、その上、一部の兵を除く大多数が鎧兜に身を固め、刀や槍あるいは古い火縄銃を持つといった旧式軍隊であったので、長州藩は圧倒的な有利さで戦を進めた。

幕府敗北の色濃い慶応二年七月二十日、大坂在陣中の将軍家茂が二十一歳の若さで死去した。将軍在職八年余、崩壊寸前の徳川幕府の重荷に疲れ果てての死であった。幕府は八月二十一日、将軍の死を口実に征長の役の休戦に踏みきった。

家茂のあとは、慶喜が継ぐのが当然と考えられたが、慶喜は将軍職は継がないと声明した。

次期将軍決定までの四ヵ月の政治的空白期に、反幕派は朝廷内での勢力拡大を図った。薩摩の大久保はこの機をのがさず、将軍職を廃止しその権限を雄藩会議に移すことを近衛忠房に建言した。薩摩藩の動きに幕府側はあわてて大久保説封じに走り回り、十二月五日慶喜は十五代征夷大将軍に就いた。

このような中で、京都郊外の岩倉村に幽居していた岩倉具視が、密かに大久保に近づいてきた。岩倉は文久二年（一八六二）に和宮降嫁を強引に進めて尊攘派の恨みを買ったので官を辞していた。文久二年には大久保も岩倉も公武合体派であった。岩倉具視は公卿の中で特に「権謀術数」にたけ、政治的能力のある人物であった。大久保も朝廷工作をする上で有力なパートナーの必要性を感じていたところであったので、二人はしっかりと手を握った。

ところが十二月二十五日孝明天皇が急死され事態は一変した。孝明天皇は幕府の施策に批判的ではあったが、未知の大名の手に帰するよりは毛並みのほどの分かっている徳川家の方がまだ安心と考えておられた。したがって慶喜の将軍就任を阻もうとした岩倉や大久保に対する怒りも激しかった。

慶応三年（一八六七）正月九日、睦仁親王が即位された。新天皇はこの正月に十六歳になられたばかりの少年であった。明治天皇の誕生であるが、元号は翌年の九月八日に、正月元日に遡って明治とされるまで慶応のままであった。

朝廷はこの月の二十五日、有栖川親王、中山忠能の参朝を許し、またかねてより薩摩から請願が行われていた三条ら五卿を大宰府から帰洛させた。

佐賀ではあい変らず何の動きもなかった。

閑叟は病身のためか革新的な覇気を殆んど失っていた。天保の改革のとき百姓に平等に田畑を与える均田法という思い切ったことをし、産業を興し、学問を勧め、軍事改革をなしとげた英明な藩主のおもかげはない。

三十代後半には全国に先駆け反射炉を造り製鉄を行った。そして鉄製大砲やアームストロング砲、蒸気船凌風丸を造った。鉄製大砲は、ペリー来航直後に幕府の阿部老中から二百門の製造依頼がきて五十門を納めた。アームストロング砲は、銃身内部に螺旋状の溝を掘っており、弾が回転して飛ぶのでそれまでの同規模の大砲に比べると飛距離、命中率とも数倍にあがった。それをできたのは佐賀藩だけであったので、幕府は外様でありその動向がはっきりしない佐賀藩であっても鉄製大砲の発注をせざるを得なかったのである。

その頃は、日本中が佐賀を見ていた。そして佐賀は世界を見ていたのである。

閑叟には、それら苦労して蓄積した軍事力が、病身の今となってはかえって重い枷となって身動きできないといった状態であった。今まで何事も閑叟の独裁で行ってきた佐賀藩には、閑叟に代わる人物が育っていなかったのである。

そのころ副島種臣は新平や大隈ら同志と語らい、脱藩して大政奉還の運動をしようとしていた。藩庁には知られないように大坂までは土佐の船で行くことを考え、たまたま長崎に来ていた土佐藩士後藤象二郎を旅館に訪ねた。三月一日のことである。

後藤に上京の目的を聞かれた副島は「もはや幕府は自力では何もできない。議事院などを設けて諸藩の名士を集め改革すべきである。徳川慶喜公が京に来ておられるから将軍職もきっぱりとお断りになられるのがよろしいと、伝を以って言おうと思っている」と大政奉還について語った。その場に大隈はいなかったが越前藩士関義臣が同席して聞いていた。大隈も同行を希望し二人は土佐藩の艦で大坂に向かった。

大坂から京都に行った副島、大隈の二人は幕府の目付役原市之進に面会を求めた。原は水戸の藤田東湖の甥で、慶喜に抜擢され目付役として信任されていた。副島の兄枝吉神陽と東湖は旧友の間柄であり、原は二人を歓待した。

副島と大隈は原と会った二日目に初めて大政奉還の話をした。ところが翌日在京の佐賀藩の役人に呼ばれ「原市之進殿から、粗暴な書生が来て激論すると問い合わせがあった」と聞かされた。役人に「すぐ佐賀に帰れ、帰らぬなら捕らえるほかない」と言われ、副島と大隈はそのまま佐賀に帰った。

帰藩した後、大隈は若年ゆえ無罪、副島一人が謹慎ということになった。新平が文久二年（一八六二）に脱藩上京した時とは、時勢が変わっていた。

佐賀尊王派といわれる面々で、新平以外に勤皇活動をしたのは、文久三年に大木喬任が新平と久留米に長州藩士を訪ねたのと、この慶応三年の副島、大隈の脱藩があるだけである。「佐賀の議論倒れ」といわれたが、まさに思想は進んでいたのに今一歩の実践活動がなかった。大政奉還の功も、後藤象二郎と土佐藩のものとなってしまったのである。

慶応三年三月五日、慶喜は兵庫開港の勅許を申請した。それに対抗して薩摩藩は雄藩会議開催を画策し、五月に島津久光、松平慶永、山内容堂、伊達宗城の四侯が京都に参集した。会議の席で四侯は兵庫開港に反対したが、慶喜は粘って切り崩し、五月二十四日に勅許を手にいれた。幕府側の朝廷工作の勝利であった。

これによって西郷、大久保は平和的な手段による体制変革が不可能であると確信し、武力による倒幕の腹を固めたのである。

佐賀では、六月十一日になって、ようやく閑叟の上洛が決まった。まるで薩摩藩の希望した雄藩会議が分解したあとをねらったかのような時期であった。それでも新平ら尊王派は喜びに沸いた。しかし閑叟は尊王派には目もくれず出発した。

閑叟は陸路を東に豊後の佐賀関に向かった。途中の今市で熊本から出てきた娘婿にあたる肥後の藩主細川護久と会い、何事か談合している。

佐賀関からは船で二十四日に大坂に着き、二十七日に京都に着いた。京都での閑叟は一度参内しただけで、ほぼ一ヵ月の間、病気を理由に引き籠って、何の動きもみせなかった。

倒幕を決意した薩長も、また幕府側も佐賀藩の軍事力はのどから手が出るほど欲しかったであろう。閑叟はその政争の渦の中にいて何のかかわりも持たず、七月二十三日にお暇ごいのために参内した。

朝廷から下された御沙汰書は、「…炎暑凌ぎ難く、所労いや増し難渋の趣につき、願いの通り、お暇仰せ付けられ候…」というものであった。

京を二十五日に発った閑叟は、二十七日に大坂城において将軍慶喜に会い、翌日には大坂を出発し海路をとって八月九日に佐賀に帰着した。

新平が文久二年に身命を賭して脱藩上京したのも、閑叟の上洛をうながし、王政復古の先駆者としての役割を果たしてもらわんがためであった。

何もしないで帰藩した閑叟をむかえた新平の落胆は大きかった。

しかし閑叟は「これで上洛の義理も無事に果たした」と満足していたと思われる。また、従兄弟であり親友であった島津斉彬公が謎の急死を遂げたこと、お家騒動の暗い影のある久光と、その久光が寵臣大久保の指図のままに動くのをみて嫌気がさしたのではないかと思われる。

十　大政奉還から王政復古へ

　このころ土佐藩では、大政奉還論という新しい政策をうちだした。それは大隈重信が長崎の英学校で得た知識を副島種臣と相談した内容と同じであったが、表向きには土佐藩の藩主山内容堂の腹心後藤象二郎が、長崎で尊王派の坂本竜馬から教えられたということになっている。

　後藤は文久三年（一八六三）の八・一八政変のあとでは尊王派を弾圧した一人であったが、このころには坂本と同志となっていた。慶応三年（一八六七）、さきに脱藩した坂本竜馬を中心とする亀山社中が土佐藩の組織下に入って海援隊となり、中岡慎太郎も脱藩の罪を許され陸援隊の隊長となっていた。

土佐藩は、勝海舟が神戸に設立した海軍操練所で磨いた坂本の航海運輸術が欲しかったし、坂本は藩権力と藩の資金力を利用して勤皇活動をしようとしたのである。六月に坂本と後藤の二人が同じ船で京都に向かう船中で、坂本は新しい国家体制の構想「船中八策」を後藤に示した。これは外国の立憲制のような近代的な統一国家の樹立を考えたものであった。

同じころ幕府の立ち直りに脅威を感じていた薩摩の大久保らは、長州の武力討幕派と土佐の大政奉還派（公議政体派）の両方に働きかけて、どちらとも盟約を結んだ。土佐藩の後藤象二郎は長州の武力倒幕に先手を打つべく、将軍のもつ統治権を朝廷に返上する大政奉還の実現に奔走していた。後藤は山内容堂にはかり、将軍が自発的に大政奉還をして列藩会議の議長に就任し、名目は朝廷の一元政治であるが、実質は今までどおりであるという方針をうちだした。十月三日、土佐藩はこの案を老中に提出した。

しかし長州と薩摩の討幕派は、将軍慶喜がそれをすんなり受け入れるとは思っていなかったし、武力による倒幕の決意も変える気はなかった。薩摩の大久保は長州の品川弥二郎とともに岩倉具視、中御門経之（岩倉具視の義兄）に会い、倒幕の具体的計画を打ちあわせた。倒幕を決行するには、それなりの大義名分が必要である。大久保は、それには天皇からの幕府を討伐すべしとの勅命が要ると考えた。そして孝明天皇なら決して下されることのない勅命を、少年天皇から得たのである。「倒幕の密勅」と称せられるもので、十月十四日の日付で薩摩藩の久光、茂久父子と長州藩毛利敬親父子あてに授けられた。直接受け取ったのは大久保と長州の広沢真臣であった。

この「倒幕の密勅」には宮中では使われない言葉が書かれ、天皇の真筆でもなければ勅旨伝宣の奏者として名を書かれている中山、正親町三条、中御門の花押もなかった。しかしこれがたとえ本物でなくとも、いざというときには利用価値のあるものであった。特に大久保にとっては、それによって藩内の反対を押さえこむことができた。

同時に大久保は、岩倉の発案にしたがい官軍の印とするため錦の布地を買い集めた。大久保は京の一力茶屋の娘を妾としていたので、幕府方に知られずに西陣で錦の帯地を大量に買い集め、「錦の御旗」を作った。

岩倉と大久保の協力によって倒幕の密勅が下された十月十四日、偶然にも同じ日に徳川慶喜は「…従来の旧習を改め、政権を朝廷に返し奉り、広く天下の公議を尽くし…」という大政奉還の上表を朝廷に提出し、土佐藩の後藤象二郎の尽力で翌十五日に勅許されたのであった。

大政奉還の報は佐賀にもすぐに届いた。これは佐賀藩にとって、また新平にとっても驚天動地ともいうべき出来事であった。いずれはそうなると長年考え続けてきたことが、余りにも突然に実現したのである。新平は驚きが喜びに変わるとともに、使命感にふるいたった。

かねてから新平に理解のある藩目付役の重松基右衛門に面会を求め、直接閑叟に会って、大政奉還にあたり佐賀藩の処すべき方向を進言したいと訴えた。新平はそのとき死を覚悟していた。永蟄居を命じられている下級武士が、藩主に面会を求めるなど切腹覚悟でなくてはできることではない。重松は新平の熱意に応え閑叟に取り次いだ。閑叟は快くそれを許し、すぐさま新平を呼びよせた。

新平が閑叟に直接会うことができたのはこれが初めてであった。そのとき閑叟は五十四歳、見るからに上品に整った顔ではあるが、病気がちで痩せた身体は、一見七十歳近くの老人のようであった。

閑叟は、新平の名もたびたびの建白書も覚えていた。閑叟から見ると、新平はその書に見る峻烈で不遜でさえある印象とは違い、三十四歳の年齢より若く見え書生のようであった。新平は閑叟に対し、脱藩上京をはじめ度々藩禁を犯した罪を心から謝した。そして閑叟に言葉をかけられただけで涙を溢れさせる純朴さであった。しかし一旦時局の事を話し出すと、かたわらの家臣がはらはらするほど思い切ったことを言いつのるのであった。

そこには藩主に対する遠慮も媚もなく、ただ日本と藩の将来を思う熱情がほとばしり、その清冽な感じが閑叟の心を打った。それは閑叟が亡くなるまでつづき閑叟の心を裏切るものではなかった。

閑叟はまず新平の永蟄居を解き、父の役職であった郡目付に任命し二十石を加増した。また新平の上京の願いを許した。新平は城下町への転居もせず、それまで住んでいた丸目村で、上京の命令を一日千秋の思いで待っていた。しかし新平にそれが出たのは一ヵ月後であった。相変わらず重臣たちの反対があったのである。その一ヵ月が佐賀藩の出遅れを決定的なものとした。政局は大政奉還から王政復古へと急激に動いていたのである。

大政奉還があったとき、大隈重信は長崎から江戸に向かう英国船に乗っていた。大隈は副島と脱藩して京へ行ったが、若年ゆえにおとがめなしとなり、再び長崎の英学校に戻っていた。英国船が神戸を経由すると聞いて上京を思いつき乗り込んだが、その船は神戸に寄ることなく江戸へ直行してしまった。大隈は江戸に着いて大政奉還のことを知った。そして、江戸が混乱状態に陥り幕府の威令も行われなくなっているのを見た。大隈は神戸に引きかえし、そこで佐賀藩の山口尚芳と出会った。二人は江戸と京都の情報を互いに話し合い、山口は急ぎ佐賀に帰って「一刻も早く兵を率いて上京していただく」よう閑叟に懇願し、大隈は京都で閑叟の到着を待つこととした。

その時、京では公卿たちは大政奉還を単純に喜んでいた。彼らは何よりも戦いをおそれた。倒幕の密勅を出すのに力を貸した正親町三条でさえ手ばなしで喜んだ。

しかし、いざ大政奉還が行われても直ちに新しい政治体制をとる能力が朝廷にあるわけではなかった。朝廷の名において十万石以上の大名を招集したが、大名たちは政局の動向に不安を抱きそのほとんどが応じなかった。佐賀藩も同様であった。そこで、慶喜に対し諸大名が参集して会議が行われるまで、将軍の職務は概ねこれまでどおりと命じた。この時点では慶喜の勝利であった。

しかし大名諸侯が状況をためらったのが、大久保ら討幕派にとって天与の好機となった。彼らは、諸侯参集前に宮廷クーデターをひきおこし、一気に大政奉還の政局をひっくり返そうと計画したのである。

大政奉還の三日後の十月十七日、大久保は西郷、小松とともに帰藩し藩主の出馬を要請した。このとき倒幕の密勅が大いに役立った。三人の説得で薩摩藩がようやく武力倒幕にまとまったところで、大久保は土佐にまわって山内容堂の上京をうながし十一月十五日に帰京した。

その間一ヵ月、幕府は信じがたいほど無策であった。幕臣たちは大政奉還に不平満々で、慶喜はそれらを説得するのに苦心するのみであった。

しかし京都はまだ幕府方の勢力下にあり、大久保が土佐から帰京した十一月十五日、土佐の志士坂本竜馬と中岡慎太郎が、京都河原町の近江屋で幕府見廻組の刺客に襲われ非業の死をとげた。坂本は三十三歳、中岡は三十歳であった。

同じ慶応三年（一八六七）四月十四日、高杉晋作も肺結核にて逝去した。享年二十九歳であった。


十一月二十三日島津茂久は兵をひきいて入京し、それまでに京にいた兵とあわせると薩摩藩兵は一万人を超えた。長州、芸州（広島）も京に向かった。ここにおいて大久保はその武力を背景に土佐の後藤象二郎にクーデターへの参加をはかった。土佐藩は武力倒幕に反対してきたが、朝敵になることを恐れ協力を承諾した。いよいよ決行日は十二月九日と決まり、その前夜岩倉具視は薩摩、土佐、安芸、尾張、越前の重臣を自邸に招いて王政復古の断行を告げ協力を求めた。そのとき長州藩はまだ入京を許されていなかった。尾張、越前の二藩も勅命といわれては反対することはないと判断した。こうして五藩の兵は予定された宮廷諸門の警備についた。西郷隆盛が指揮する薩摩兵は乾門に大砲を据え付けてにらみをきかした。それまで宮門を警備していた会津、桑名藩は不意をつかれなすところなく二条城に退去した。

岩倉具視は、王政復古の勅書、制令などの文案を携えて参内し天皇に王政復古断行を願い出た。

天皇は、岩倉が大久保、玉松操（国学者で岩倉の師）らに作成させた「王政復古」の大号令を発表した。その内容は、摂政、関白、征夷大将軍、朝廷内の諸職、京都守護職、所司代などを全て廃止し総裁、議定、参与の三職をおくというものであった。総裁として有栖川宮親王、議定十名、参与二十名が任命されることとなった。五藩の兵の警備下で王政復古政府が樹立され、七百年の武家政治は一瞬のうちに終わりをとげた。


大隈重信が、閑叟の上洛を待って一ヵ月余りを京で過ごしていたとき、一流の洋式軍事力を持ちながら動こうとしない佐賀藩に対する風あたりは強かった。公卿はおろか薩、長、土のいずれにも知己のない大隈が、政局の底流を探ろうにも手段はなかった。佐賀藩邸には、閑叟は留守居役にことさら鈍重な人物を選んで勝手な行動を封じていた。

そこへ十二月九日、王政復古の大号令が発せられたのである。時局の急変に驚いた大隈は神戸から船に乗って帰郷し、閑叟に面会を申し入れた。閑叟は直ちに引見した。

大隈は閑叟に江戸と京都の状況を詳しく述べ、閑叟の出陣を促した。しかし閑叟は大隈の話を聞き終えると「聞きおく」と一言言っただけで引っ込んでしまった。閑叟は自身が上洛出兵するための具体的な方策を考えたかったのであろう。
　閑叟が新平に京へ行くことを命じたのはその直後であった。

　そのころ、朝廷から閑叟と新藩主直大に上京を促す書面が来ていた。藩主直大あてには十二月九日の王政復古大号令の直前の十二月一日付けで「…来年正月より三月まで京都三ヵ月詰め御警衛、上京仰せつけらる…」とあり、閑叟あてには十二月十九日付けで「…今般御改正一新に付き、広く天下の人材御登用あらせられ其方兼々聞こし召され候儀これあり…早々登京致すべく御沙汰候…」というものであった。
　佐賀藩はとりあえず、鍋島孫六郎に六百人の藩兵をつけて船で京に向かわせることとした。それと同時に長崎警護の件で御伺書を出し、孫六郎にはその回答が来るまで筑前の黒崎港で待機するよう命じた。閑叟の脳裏にはいまだに孝明天皇より下された「長崎警護に専念すべし」というお言葉が消えずにあった。しかしその逡巡が佐賀藩の出遅れに拍車をかけたのであった。

　閑叟は、新平に直大より一足先に上京するよう命じた。佐賀藩士の中で、三条卿をはじめ長州の木戸、土佐の土方ら錚々たる人物の知遇を得ているのは、新平をおいて他にいなかったからである。

晴れの上京に、木綿ではあるが母や妻が心を込めて縫ってくれた着物を着ると気持ちが引き締まった。そして、立派な銀装の大小を腰にさしていた。それは、重役の野口が門出を祝って家伝の名刀を贈ったものであった。その刀を新平はいつまでも大切にし、そのうちの小刀は後年土佐で捕縛されるまで身につけていた。

慶応三年十二月下旬、新平は家族や弟子たちに送られ上京の途についた。佐賀関からは足の速い藩船で大坂へ行き、京に着いたときには慶応三年も終わろうとしていた。

京都では、十二月十二日に幕兵を率いて自ら大坂城に退いた慶喜の恭順な行動に、王政復古内の公卿や諸侯の発言力は強くなり、薩摩の強硬論は不評であった。岩倉は動揺し、慶喜が辞官、納地に応じれば、議定に任じて政府に迎えてもよいとまで言いだし、納地は諸藩も公平に負担するということになった。九州の大宰府からもどってあらたに議定に任命された三条実美までが、慶喜にたいして妥協的で薩摩は孤立した。このまま慶喜が自重したならば、クーデターは有名無実となり慶喜は政府に迎えられ指導権が確立するところであった。

この状態から武力討幕派を救ったのは西郷の謀略であった。西郷は大政奉還で開戦の口実を失うと、大久保と相談し江戸で戦争挑発の策動をはじめた。薩摩の下級武士益満休之助と伊牟田尚平を抜擢して、江戸薩摩藩邸に浪士を集めさせ、彼らに強盗、放火等をやらせた。薩摩藩邸には五百人の浪士やごろつきが集まり「薩州藩士」と名乗って江戸の治安を乱した。

怒った幕府は十二月二十五日江戸市中見廻りの庄内藩に命じて、一味の本拠の薩摩藩邸を焼き討ちにした。邸中の藩士、浪士たちは四十九名が討死、益満は捕らえられ、伊牟田ら三十余人は藩船で京都に逃げ帰った。のちに伊牟田らは薩摩藩のきたないやり方を隠すため薩摩藩によって謀殺された。

この報が大坂にとどくと、城中の旗本や会津、桑名の藩兵は、慶喜に上京し薩摩を討伐するようせまった。西郷、大久保のねらいは当った。

慶喜はもはや幕臣たちを抑えることができなくなり、慶応四年正月二日、薩摩藩の罪状を弾劾した「討薩表」をもって一万五千の大軍が京都の薩摩軍に向かった。これによって慶喜は政治的勝利の機会をなくし、徳川家は没落の道を歩みはじめた。

十一　鳥羽伏見の戦い

慶応四年（一八六八、九月八日に正月元日に遡って明治元年と改元）正月三日、西郷隆盛は京都の薩摩藩邸で開戦の第一報をうけると、これによって武力討幕のきっかけができたと「鳥羽一発の砲声は百万の味方を得たより嬉しい、これでよか」と喜んだ。

しかし一万五千の旧幕府軍にたいして、討幕派はわずかに五千であった。

翌正月四日早朝、劣勢だった薩長同盟軍はついに切り札を出した。天皇より赤地錦に黄金色の月輪を描いた「錦旗」を賜るという演出をしたのである。ここにおいて、たんなる私兵にすぎなかった昨日までの薩長同盟軍は急に「官軍」になり、旧幕府軍は賊軍となったのである。

そこへ日和見をしていた土佐藩兵約四百が官軍に参加し、退却中の伏見方面の幕府軍を急襲した。賊軍になるのを恐れたのである。岩倉の発案により大久保が用意した「錦の御旗」が強力な威力を発揮したのである。

幕府軍奉行竹中重固はからくも五日間の戦闘を持ちこたえ、大坂城にとって返し巻き返しを図ろうとした。ところが将軍慶喜は秘かに大坂城を脱出し、軍艦で江戸城に逃げ帰ってしまった。将軍を失って幕府軍は総くずれとなった。

鳥羽伏見の勝利で、政府内の実権は三条や岩倉と武力討幕派の西郷、大久保らに移った。

慶応四年の正月早々神戸に着いた新平は、鳥羽伏見の戦いのため足止めをくい京に入ったのは七日であった。京都にある佐賀藩邸の留守居役は、ただ誠実な人柄が取り柄といっただけで、外交的な手腕などどみじんもなかった。しかし新平が閑叟の特使として上京してきたことを知ると非常に協力的であった。

生涯、服装に関心のなかった新平に、どこに出しても恥ずかしくない立派な服装を整えてくれたのである。新平はその姿で長州藩邸に木戸を訪ね、また三条卿に謁見した。

その頃、佐賀藩は非常に評判が悪かった。藩主直大は強力な軍事力を持ちながら、正月から三ヵ月間の京都警備を命じられたにもかかわらず、いまだに上洛していない。また鳥羽伏見の戦いの直後の正月七日に、岩倉が在京の諸侯を招集し幕府征討の御沙汰書を示したとき、薩、長をはじめ、土佐、安芸、尾張、越前、因幡、備前、平戸、大村、佐土原、大洲、彦根の諸藩は、藩主または重臣が出席したというのに、佐賀藩は藩を代表する重臣を京においていなかったので、招集に応ずることができなかった。したがって佐賀藩は幕府方についたとみなされ、まず佐賀を討つべしとの議案が起こった。それは薩、長の過激派だけではなく公卿の中からもでるありさまであった。かれらは、朝命をうけながら正月十五日の天皇の御元服にも上洛の返事のない鍋島父子を討てといったのである。

そんな中で新平は、文久二年（一八六二）に脱藩上京したときのつてを頼って木戸孝允と、また二年ほどまえの慶応元年（一八六五）十二月に大宰府で謁見したことのある三条卿を訪ねて「佐賀藩が幕府にくみし、朝廷に抗するなど誤解もはなはだしい。佐賀藩は朝廷より長崎防衛を委任されているので、出兵が遅れたのである」と弁解につとめた。大宰府で親しくなった土方久元も、同じ土佐藩の後藤象二郎を説得して側面から応援してくれた。そこでようやく「鳥羽伏見のつぎには、佐賀藩を血祭りにすべし」といきりたつ薩、長等の過激派をなだめ納得させたのである。

正月十五日天皇は元服の大典をおこない、新政府は大坂において各国公使に王政復古を通告、国内には開国和親を告諭した。

政治機構の確立はしだいに進められた。有栖川宮親王を総裁に、三条実美、岩倉具視が副総裁と議定を兼任した。議定には親王、公卿、大名が任命されて行政庁の長官となり、諸藩士より選ばれた参与が次官となった。岩倉、三条を除けば実権は参与にあった。また広く人材を集め徴士に任じ政府官僚とした。新平も一月下旬、木戸、後藤らの推薦によって徴士として新政府の一員となった。はからずも新平が藩のために働いたことによって「佐賀に江藤新平あり」と新政府の重臣のあいだに知られる結果となったのである。

新平が徴士に任じられたのは、藩主鍋島直大が入京する前であり佐賀藩の去就もはっきりしていない時期であったから、強力な軍事力を持った佐賀藩というバックがあっての任命ではない。そのとき三十五歳であった新平が登用された理由はその政治能力であった。

それまで、内、外国の政治、法律、経済の勉学を続けてきたので造詣が深いことが、新政府の機構を立案するうえで非常に役立つと見られたのである。先に大政奉還した徳川慶喜にさえ当分政務を委任せねばならなかったほど、公卿や討幕派の志士たちには政治的能力を持った人が少なかった。したがって政府は評判の悪い佐賀藩士ではあっても、新平を重用せざるをえなかったのである。

同じころ佐賀藩から副島種臣が徴士として登用された。副島は、鳥羽伏見の戦いに幕府が敗れたとき、長崎において幕府の奉行が江戸に逃げ帰ったあとの混乱を収拾した。その功により登用されたのである。副島は外交に関する深い学識によって新平と親しい木戸孝允の信頼を受け、後の明治四年に外務卿となった。

二月二日、佐賀藩主鍋島直大がようやく入京した。父鍋島閑叟は病気で佐賀から出ることができなかった。正月七日に佐賀城を出た直大は、十日に伊万里から藩船電流丸に乗り、十五日には大坂に着く予定であった。そこに鳥羽伏見の戦いの報がはいった。会津と薩摩の私闘であるという説もあり、巻き込まれるのを恐れて出発を延期したのである。

この時期、新平は刻々と移り変わる政情を佐賀へ急報し藩主の出京をうながした。そして一方では、佐賀藩の出京が遅れた弁解をするのに苦労していた。

直大は翌二月三日には参内を許され、四日には議定職外国事務局輔加勢に任じられた。また六日になって佐賀藩が幕府から預かっていた軍艦観光丸を朝廷に献上することを申し出て受納され、ようやく佐賀藩に対する空気が和らいだ。

ここにきて、佐賀藩はようやく官軍の一員となることができたのである。

同日太政官から各藩主に、諸侯は石高に応じて貢士を太政官にさしだすべし、という達しがあった。佐賀藩は大藩として、大木喬任を推薦し、大隈重信を追加した。

また、徴士となった江藤新平については「各藩徴士仰せ付けられ候者は、奉命即日より朝臣《あそん》と相成るべく心得は勿論、旧藩と全く関係混合これなきよう心得べく…」という達しがあった。

このころの新平は「平胤雄」と晴れがましい気持ちで署名している。江藤家の祖は平氏であり、元服したときの名は先祖から伝わった胤の一字が入った胤雄であったということに由来している。

新平は徴士となってから、新政府から給与を受けるようになった。それは半年前の貧乏私塾の塾頭にとっては想像もできない高給であった。さっそく、佐賀に藩主の命で帰藩することとなった渡辺五郎右衛門に、老母や妻子へと金五十両を託した。生涯贅沢をしなかった新平は、身なりを整えることよりも家族に喜びを分かち与えたかったのである。五十両という大金を託された渡辺もたいそう驚いた。

当時の政府の高官たちは、勤皇志士の時代から藩の機密費をふんだんに使って京の祇園で遊びほうけていたが、新平は仕事が趣味で読書が唯一の楽しみであった。

おなじころ徴士となっていた佐賀藩出身の副島種臣もまた、新政府のなかでは抜きんでて学識があった。副島は木戸孝允からそのころ起草されていた「五箇条の御誓文」に関する相談を受けるようになった。

五箇条の御誓文は、のちの明治の民権運動、大正のデモクラシー、そして昭和戦後の日本再建にあたっても矛盾することなく、多くの人々に感動を与えた民主主義的な政治理念であった。これより前、慶応三年十二月九日、王政復古の大号令が発せられたあと、岩倉具視は政治方針を天下に公表する必要を感じた。越前藩の由利公正が草稿を書き、土佐藩の福岡孝弟がそれに少し筆を加え、長州の木戸孝允が副島に相談して最後の決定をなした。

五箇条の御誓文

一、広く会議を興《おこ》し、万機公論に決すべし。

一、上下心を一にして、さかんに経綸をおこなうべし。

一、官武一途、庶民にいたるまでおのおのその志をとげ、人心をして倦まざらしめむことを要す。

一、旧来の弊習を破り、天地の公道にもとづくべし。

一、知識を世界にもとめ大いに皇基を振起すべし。

この新政府の大方針は、木戸案によって天皇が祖先の神々にたいして公卿、大名をひきいて誓うという形式ですすめられた。慶応四年三月十四日、明治天皇は京都御所の紫宸殿において神前で五つの方針を誓われたのである。

五箇条の御誓文に続いて発表された政体書は、明治維新の憲法ともいうべき文書で、これは木戸の要請で副島と福岡が起草した。

一、日本国家は太政官によって統一され、太政官の権限は、立法、行政、司法の三部に分かたれ三権を分立する。

二、各藩から「貢士」(各藩を代表する代議士)を出して議会の制度をたてること。

三、貢士は四年で交代し、その選出には選挙をもってする。

四、各藩内部での政治もまた、五箇条の御誓文の原理によって行うこと。

が定められた。

そのころ新平は、江戸城の総攻撃を中止させようとして東奔西走していた。

十二　江戸開城

江戸に帰った慶喜を迎えた城内は混乱の極みに達していた。

慶喜は京に滞在したまま将軍を継いだので、留守幕閣や幕臣たちになじみがなかった。彼らは将軍の行動に不満で、小栗上野介を中心として薩長と戦うことを主張した。

フランス公使ロッシュが軍事力やその費用の援助を申し出たので小栗には勝算があった。しかし慶喜は民心が幕府から離れていることと、フランスが日本を領土として狙っていると判断して小栗を罷免し、慶応四年正月二十一日恭順退隠の意向を表明して、二十三日勝海舟を陸軍総裁に抜擢し後事を託した。

勝は主戦派の老中、若年寄を江戸城から追った。二月十二日午前五時慶喜は上野東叡山大慈院に蟄居し、改めて朝廷への恭順謝罪書を提出した。また城には将軍代理として田安家の徳川慶頼と松平確堂をすえた。

一方、新政府は一糸乱れぬ進軍で意気天を衝くばかりであった。

東征大総督有栖川宮と西郷は三月五日に駿府城に入った。翌六日参謀会議を開き、三月十五日をもって江戸総攻撃と決定した。


新平は二月中旬宮中の会議に出席し、徴士のなかでただ一人江戸城を攻めることに反対した。「慶喜が船で江戸に帰ったことこそ戦意がない証拠である。もし慶喜が陸路を行けば必ず呼応する藩が出て、江戸に着くころには兵力は強大となり、官軍を圧倒するようになったであろう。恭順を表している者を討つのは王道に悖る」と主張した。

それに対し大久保と西郷は「慶喜を首にしなければ、王政復古は成就しない」と言い、前将軍夫人の静寛院の宮（和宮）の助命嘆願に対しても西郷は「はなはだもって不届き千万、静寛院とて…」と言って慶喜の隠退ですむものではないとした。

今や新政府最大の実力者になっている岩倉、西郷、大久保にさからうことは一徴士にすぎない新平にとって勇気のいることであった。三十五歳になっても新平は脱藩上京したころと変わりなく、こうと決めたら周囲の思わくなど顧みないで信念を貫くところがあった。

新平が最も恐れていたのは、日本をめぐる外国の動きである。今や薩長にイギリスが付き、幕府をフランスが後押しして、日本を真二つに割って戦おうとしている。これこそ危険きわまりないことであった。


しかし大久保を除く三条、岩倉、木戸らは新平の建言に耳をかした。そして慶喜の恭順が真実かどうか江戸へ行って探索する任を新平に与えた。さらに彼らは東征のため駿府城にいる西郷の意見も聞くことを命じた。

新平が江戸の敵中偵察に行くと聞いて、土佐藩士小笠原唯八が同行することになった。小笠原と新平は会うとすぐに意気投合し、旅の間に親友となった。

駿府城にいた西郷は新平たちに、江戸における幕府の戦備がどのような状況であるか調べて欲しいといった。


二人は馬を急がせて品川まで来たが、警戒が厳重で江戸に入ることができない。そこで品川の妓楼にもぐりこんだ。妓楼は普通の宿屋と違って法外の地で、金はかかるが一番安全なところである。小笠原の知恵であった。そこを寝じろにして乞食に身をやつし、江戸に潜入した。そして慶喜が上野の大慈院の六畳一間にひげもそらずに蟄居謹慎し恭順を表していることや、幕府に戦意のないことを確かめた。

そこで急ぎ馬を走らせ駿府城にいる西郷に伝えるとともに、京に戻って三条らに報告した。

新平が西郷に伝えた直後、イギリス公使パークスが「すでに恭順している者を殺すとは人道上問題である」と西郷に進言した。西郷は幕臣山岡鉄太郎や勝海舟と会見する前に、江戸総攻撃の中止を決意していたのである。

山岡鉄太郎が勝海舟の手紙を持って西郷のいる駿府城に行ったのは三月九日、江戸総攻撃予定日の六日前であった。

勝の手紙は「徳川氏もまた皇国民の一員である。今の日本は兄弟が垣の内で争うときではなく、外敵に一致して当るべきときであると考えて、徳川の君臣は一致して恭順している。しかし江戸には数万の士民がおり、あるいは不教の民が主君の意を解せず、何をするかわからない。自分はその鎮撫に全力をつくしている…」というものであった。これは、はからずも新平の考えと一致していた。

西郷は山岡を待たせて参謀会議を開き、大総督有栖川宮の承認を得て、慶喜謝罪の七条件を山岡に示した。

一、慶喜を備前藩にあずける。
二、江戸城明け渡し。
三、軍艦いっさいを引き渡す。
四、兵器いっさいを引き渡す。
五、城内居住の家臣は向島へ移り謹慎する。
六、慶喜の妄動を助けた者の謝罪の道をたてる。
七、幕府で鎮撫しきれず暴挙する者があれば、その者のみを官軍が鎮定する。

以上の七条が実行されるなら、徳川家存続は寛大に処置するというものであった。

山岡は第二条以下は即座に承服したが第一条には、「いやしくも臣下の分として、主人を他人の手に渡すが如き、忍ぶべきところにあらず」と熱弁をふるった。西郷は山岡の至誠に感動して、慶喜のことは自分が一身に引き受けると答えた。

西郷は三月十三日江戸高輪の薩摩藩邸にはいった。十四日勝の方から、第一条の慶喜を備前にあずける件を、水戸に引退して謹慎すると改めるように要請してきた。西郷もそれに同意し大総督の許しを受けると答え、十五日の総攻撃は中止された。西郷は三月下旬京に帰り直ちに政府会議が開かれた。大久保の意向に真っ向から反対して、ついに江戸城総攻撃を中止させるきっかけをつくった新平に対し大久保は恨みを募らせた。

新政府の承認を得た西郷はすぐ江戸にもどって、四月四日江戸城に入り勅旨を田安慶頼に伝えた。江戸開城の式は四月十一日平穏無事に終わった。

このとき新平は再び江戸に来ていた。木戸孝允が新平と小笠原唯八を軍監に任じ、江戸へさしむけたのである。四月三日のことであった。

そのころ土佐の板垣退助は、江戸の尾張藩邸に陣をとっていた。そこへ同じ藩出身の小笠原唯八が、「佐賀の江藤新平と江戸へ来た」と訪ねてきた。板垣と小笠原は幼なじみであった。小笠原は「江藤という男はいかにも飛び離れた議論をする人物である。わが日本は諸藩を廃し封建制度をこわして郡県政治にせねばならぬ、などと言う。我々は元来藩命によって出動せるものなるに、藩を廃すべしなどとは不埒の極りである。そして戦争がすんだあとは江戸に遷都し人心を一新する必要があると言っている。板垣殿はどう思うか」と尋ねた。

板垣は、「それはどうも正論で反対するところではない。いかにも江藤君の言われるのがもっとも至極である」と言った。小笠原は親友の新平が過激なことを言うと心配して、板垣に相談したのだった。

小笠原は、新平と二人で京都から江戸へと旅をするうちにすっかり仲良くなったが、考え方は互いに違うところがあった。小笠原は古武士風で戦いを好み、新平はいわばインテリ侍であった。しかし二人とも正直で裏表がなく勇気があった。板垣は二人を評して「小笠原と江藤は膠漆の間であった」と後に語っている。


江戸開城の式典には新平も参加した。田舎侍の新平は江戸城の豪華絢爛さに目をみはった。

新平は開城の式が終わると、西郷、海江田武次と共に幕府の評定所に向かい、政治及び財務に関する枢要の書類、国別明細図等を収めて帰った。

後年山岡鉄太郎が当時のことを、「西郷は農事に関する書籍を蒐集し、海江田は金は何処にあるかとしきりに軍資の所在を尋ねたが、江藤は独り政事に関する書籍簿類を探した。この事実が彼らの性格をありのままに表わしていた」と語っている。

新平が収納した国別明細図は、廃藩置県のさい行政区域を決めるうえで非常に役立ったのである。

江戸開城のあと、西郷はその報告と今後の処置を相談するため京都に向かった。したがって江戸に残った先鋒参謀の地位にある薩摩藩士海江田武次が、江戸城における最高実力者となった。ところが田舎侍の海江田は豪華な江戸城に魂を奪われたか、山岡鉄太郎が評したように金に目がくらんだか、すべて勝の言うままになってしまった。

江戸開城の条件として一番難航したのは第一条の将軍慶喜の処置であって、第二条江戸城明け渡し、第三、四条の軍艦と兵器いっさいを引き渡すという条件は勝も山岡も即座に承服している。ところが江戸城の明け渡しをうけた海江田ら官軍は徹底的にはそれを行わず、信じられぬほどの寛容さを示したのである。

兵器の引渡しといっても渡された小銃などは旧式で使いものにならないものばかりであった。勝が新鋭の武器は大鳥圭介らに持たせて北関東に逃がし、一部をひそかに隠匿して上野の彰義隊の手に渡したのを海江田は見のがした。

他方、品川湾に浮かぶ幕府の軍艦七隻についても、海江田は「勝の主君を思う至誠に感じ」と言って七隻のうち四隻の小艦だけ、それも使いものにならない老朽船を渡されて満足している。残りの三隻は開陽以下優秀な艦船で、中でも開陽には慶喜が大坂を脱走したときに積み込んだ十八万両が残っていた。

この杜撰な江戸城引き渡しが、旧幕府方を勢いづけ上野、奥羽、函館の戦いを引き起こす大きな原因となった。

十三　上野戦争

慶喜が恭順退隠の意向を表明したあと、城内の主戦論者がつぎつぎにお役御免や登城禁止を宣告されていた二月十一日、幕府陸軍に属する一橋系の将校によって同志糾合の檄文が作られた。その会合は浅草本願寺で開かれ尊王恭順有志会と名付けられた。会の目的は慶喜の生命を全うし名誉を回復することにあった。中心人物の渋沢成一郎はもと攘夷の志士として活躍していたが、従弟の渋沢栄一とともに一橋家に仕え慶喜に抜擢された。渋沢はもと武州八基村（埼玉県）の百姓であったが、この出自が武士になれた喜びを大きくし後の彰義隊に駆りたてる原動力となった。

彰義隊が結成されたということで、江戸城を追われた幕臣や佐幕諸藩の江戸詰め藩士がおのおの武器を持ってぞくぞくと集まってきた。彰義隊は江戸の市井の人々に人気があった。四月十一日の午前三時、徳川慶喜は水戸で謹慎するため、山岡鉄太郎をはじめとする幕臣たちが涙で見送るなか駕籠で上野寛永寺を出発した。それと入れちがいに彰義隊の面々が上野に入山した。渋沢成一郎は主君慶喜が江戸を出ては意味がないとして、武断派の天野八郎と袂を分かち浅草本願寺に残ったが、その後武断派に滅ぼされた。

そのころ江戸は無政府状態におちいっていた。江戸城明け渡しは西郷と勝との会談で何事もなく終わったが、戦いもなく江戸に入城した官軍はたちまち軍規がゆるんで、華やかな花柳の巷で骨抜きになろうとしていた。長州の山県有朋が江戸の不夜城吉原に登楼して、彰義隊につかまり勝に助け出される一幕もあった。

一方江戸無血開城とともに、勝を首班とする恭順派の幕閣が意図的に散らした旧幕府陸軍の精鋭は北関東に在り、宇都宮をはじめ各地で奮戦していた。新政府の東征軍はこれら江戸城脱走兵に各地で敗れ、新政府の大総督府は関東の二十九藩に急ぎ出兵を要請するに至った。品川沖には榎本武揚の率いる幕府海軍が控えており、品川、上野、北関東といずれをとっても東征軍の兵力では勝ち目がなかった。

官軍は江戸城内に孤立していた。

その間彰義隊は三千人を超える人数に達していた。

勝は将軍代理の田安慶頼を通じて、大総督府に建白書を差し出した。それは「水戸に蟄居中の慶喜を江戸に呼び戻すべきである。そうすれば慶喜の人望によって江戸は平穏になる」というものであった。そのころ西郷は京に在り、留守をまもる海江田はすっかり勝の術策に嵌っていた。


新平が新政府の大総督府軍監として着任した江戸はまさにこのような状況にあった。新平は勝の意図するところを見抜き、急ぎ京に帰り江戸の情況を大総督府に報告し即刻彰義隊を討つべしと言上した。

新政府は大村益次郎を軍務局判事として江戸へ下し軍事に参加させるとともに、三条を大監察使として江戸の政務を総裁させることにした。新平は監察副使となった。

その間大久保は何の仕事もしていない。

三条より一足先に新平と共に江戸に入った大村益次郎は、彰義隊の情勢を探り一日も早く討伐せねば危険であると主張した。

ところが勝の策によって江戸城内は鎮撫論にかたむいていたので、大村の意見は通らず大村は憤慨して京へ帰るといいだした。ここで大村に帰られては勝の思惑どおりになる。新平は大村をなだめすかしてようやく慰留することができた。

そこへ三条が西郷とともに京都を出発し二十三日に江戸に着いた。そして二十九日に勅旨を徳川方に伝えた。

しかしこれによって彰義隊は鎮撫するどころか日に日に人数は増え、錦巾をつけた官軍をみれば襲いかかるという状態になってきた。新平は勅旨宣下の翌日三条に書面をもって意見を述べた。

三条は新平の意見を取り上げた。五月三日大総督府は新平の献策を入れ、寛永寺本坊の輪王寺におられた宮様に上野をたちのき、上京することを諭すべく参謀西四辻公業らを遣わしたが、宮は病を理由に会おうともしなかった。

そのころ彰義隊の天野八郎は、輪王寺宮をたてて南北朝のごとく西と東に朝廷をつくるということも考えていた。

そこで西郷は自藩の海江田らの反対を押し切って長州出身の大村益次郎に彰義隊討伐の指揮権を渡した。そして人望があり包容力のある西郷によって各藩の勢力が一つにまとまり、大村の指揮のもと彰義隊と戦うこととなったのである。五月八日三条は軍法会議を開き、諸軍の攻撃部署を定めた。上野の正面の黒門方面には薩摩藩ほか四藩があたり、谷中方面には長州と佐賀ほか四藩、向岡には富山藩、本郷の加賀藩邸には佐賀藩のアームストロング砲を置いた。小石川、一橋、水道橋、浅草蔵前より吾妻橋方面、両国橋、永代橋、神田川の諸方面をそれぞれの藩兵が守り戦火の広がるのにそなえた。ただ根岸の一方面だけを開いて逃げ場をつくっておいた。

彰義隊は天才軍師といわれた山脇次右衛門の手により、実戦を想定して早くから綿密な計算のうえに組織を編成していた。二将四副将体制と呼ばれるものである。彰義隊の最盛期の人数は三千六百三十人に達した。

堅固な城を一日で攻め落とすには、守兵の十倍の兵員が必要というのが常識である。しかるに彰義隊の三千六百余人に対し官軍は諸藩の兵をあわせて一万二千、その中には戦の勝敗によっては去就のはっきりしない藩もあり、実際に上野を攻撃できるのは半数に満たなかった。

参謀たちは夜襲を提案したが、大村は一日で決着をつける作戦をひそかに練っていた。戦いが夜に入っては江戸の町に被害が及ぶ。また江戸に育って地理に詳しい彰義隊に分がある。何が何でも日暮れまでには戦いを決着させせることが肝要であった。

五月十五日午前七時、黒門口で砲撃戦の火ぶたがきられた。彰義隊の山王台の大砲から打ち下ろす砲弾はよく命中し、さすがの薩摩兵も進むことができない。湯島台における戦いは五分。本郷から進撃した官軍一千人のうち一隊は根津へ、長州、備前の一隊は団子坂から谷中を攻撃したが、敵に挟みうちとなり殆んど壊滅状態になろうとしたとき、佐賀藩兵百人が最新式の銃で奮戦したのでようやく脱出できた。

大村益次郎の処へは官軍苦戦の報が次々と届いた。大村は懐中より時計を出して時を計っていたが、やおら加賀藩屋敷の佐賀藩砲兵にアームストロング砲の発射を命じた。当時その大砲は日本には佐賀藩にあるだけで、世界的レベルの威力を誇る最新砲であった。アームストロング砲は不忍池を越え山王台と上野の側面を粉砕し黒門口の敵兵を殺傷した。また山門中堂に命中し爆発して火災を起こし、ふき上がった火炎を見た諸方面の官軍は勢いを得て突撃し、ついにことごとく撃破することができた。

しかしそれだけで彰義隊が敗れたのではなかった。大村は秘かに部下の長州兵五百人を川越から草加へ大迂回させ、前日の十四日には千住に泊り翌十五日戦いの当日の昼ごろ、会津の援兵と称して鶯谷近くの新門から入りこませたのである。彼らは磨鉢山古墳のところで会津の旗を降ろして、長州の旗を掲げアームストロング砲の発射音を合図に黒門を内から攻撃した。山内はたちまち大混乱となって戦いの勝敗はいっきに決まったのである。

このようにして彰義隊討伐は一日にして終わった。

彰義隊討伐の三日まえ五月十二日に、新平は三条から江戸府判事に任じられていた。三条が新平の意見書を取り上げ、勝ら幕府方の手中にあった江戸の民政を新政府のもとに移すため新平を抜擢したのである。それは幕府では南町、北町奉行といわれ、行政、警察、裁判を行う役職であった。

しかし新平は江戸府判事となっても戦いがはじまるとじっとしていることができず、馬に飛び乗って各藩の最前線を駆け回り「あと三時間持ちこたえよ。そうすれば必ず勝つ。あと三時間の辛抱だぞー」と言って兵士らを励ました。新平は大村から長州の覆面部隊のことをしらされていたのである。戦いのあと、覆面部隊のことは新政府によって箝口令がしかれた。

西郷の胆力と大村益次郎の戦略によって戦火が江戸市中に広がる事態を避けることができたのであった。

上野戦争が一日で官軍の勝利に終わったということは、新政府の権威を内外に認識させ、また畏服させることに非常に役立った。いまだに去就を決めかねていた諸藩が、新政府の意図する全国統一を容認する方向にすすむ大きな契機となったのである。

ここにおいてようやく江戸は名実とも新政府の勢力下に入った。このころ奥羽や北越の地方では戦火が急激に広がりつつあったが、政府軍は安心して軍を進めることができたのである。上野戦争は政府側にとって大きな意義をもった戦争であった。

十四　東京遷都

新平は上野戦争の三日前、慶応四年五月十二日に江戸府判事に任ぜられていた。十五日の上野の彰義隊討伐のときはそれまで通り軍監として働いたが、戦いが一日で終わるとただちに江戸府判事として江戸の民政を担当することになった。

新平は江戸の繁栄の方策に心を尽くした。慶喜が水戸に移った後、八万騎といわれた旗本のある者は家族と離散し、ある者は上野で戦死し、あるいは東北の藩の下に奔ったので、大邸宅は廃屋となっていた。したがってそれらに依存する商人をはじめ職人たちも生計をたてることができなくなった。

新平の調査によると江戸の人口約二百万人、そのうち町民が六十八万人、諸藩邸および旗本の家族や雇い人が百三十二万人であった。江戸は地租（固定資産税）が無いにもかかわらず、地代や棚賃は非常に高かった。そこで新平は地代棚賃ともこれまでの半額とするよう命じた。

また、米の流通は米問屋が各地から米を集めそれを数十俵まとめて仲買に売り、仲買は高額のマージンをとって小売業者に販売する、という仕組みになっていた。これを仲買を廃して中間利潤をなくし仲買業者は小売業に商売替えさせ、米が安く流通する方法を考え実施した。

このような新平の指令は実情に即し実行可能なものだったので、これらの政策が実施されると江戸町民の生計は次第に立ち直り、新政府に対する感情も好転していった。

新平は、江戸が古い都の京都や商都として栄えた大坂と違い、将来の首都として発展するに最も適したところであることを見定め、土佐の小笠原に意見を述べ小笠原が同じ土佐藩の板垣退助にそれを語ったことがあった。また江戸城内を隅々までみるにつけ、江戸城が壮大で天皇の皇城として適当であり、また城周辺の広壮な諸藩邸が役所としてそのまま使える利点に着目した。城内の面積を比べても江戸城は大坂城の二倍の広さがあった。それればかりでなく、新平は江戸遷都によって東北諸藩が戦わずして恭順することも狙ったのである。

そもそも遷都のことをはじめて言い出したのは大久保利通であった。それは大坂へというものであった。大久保は慶応四年正月十八日岩倉に、十九日には長州藩士広沢真臣と共に三条に会い大坂遷都の意見を述べた。大久保の大坂遷都の目的は、京都には「弊習」が多く「雲上人」といわれる公卿によって一般人との間が隔絶しているため、天皇を大坂に移すことによって公卿の力を弱めることにあった。

二十三日に朝議が開かれ大坂遷都のことを審議したが、大久保が有栖川宮を引き出したにもかかわらず薩、長藩以外の反対が強くて実施されなかった。それ以来遷都のことは誰もしばらく言い出さなかった。そこへ閏四月一日、新平と同じ佐賀出身の大木と新平の二人が江戸遷都の建白を行った。

新平は岩倉に建白書を提出すると同時に、彰義隊討伐のため大村益次郎に出馬を働きかけ、大村、小笠原と一緒に船で江戸に向かったのである。

五月十五日彰義隊討伐が一日で終わると、岩倉は江戸遷都を取り上げた。商都として栄えた大坂には役所として使える建物がない。そこへ遷都したら新たに役所を造る必要があり、その費用は莫大であることは明らかであった。そして江戸にいる三条実美と協議するため大久保に江戸へ行くことを命じた。そのとき大久保は大坂よりも江戸が首都としてふさわしいと考えを変えざるを得なかった。

六月二十一日大久保が江戸に着くと三条は新平らをまじえて江戸遷都について協議した。二十五日木戸と大木が江戸に到着すると、三条を首班として大久保、木戸、大村、大木、および新平が二十七日から二十九日まで会議を開いた。そこで東京の名称発表と天皇の行幸を議定したのであった。大木はそのときすでに政府要人の一人となっていた。

大久保は、新平が江戸無血開城、彰義隊討伐、江戸遷都と大久保に対して反対意見を述べ続けてきたことに快からぬ気持ちがあった。しかし新平は大久保の心情などに関係なく信じるところを貫き通したのである。

新平は自分の思いが実現したことを喜んだが、東京遷都は思わぬ暗礁に乗り上げたのである。江戸の町がようやく落ち着きを取り戻してきた八月十九日の夜、品川沖に停泊していた榎本武揚が率いる旧幕府の軍艦八隻が突然脱走し蝦夷に向かった。そのころ、江戸開城の際に官軍に引き渡した四隻より多い八隻の幕府の軍艦が品川沖に集結していたのであった。榎本は慶喜と家臣を駿府に見送り到着を確かめたうえで行動を始めたのである。途中、仙台に立ち寄って東北戦争に敗れた将兵を収容し、十月二十日に蝦夷に到着した。

榎本はもともと官軍と抗戦するために脱出したのではなく、新政府には服従できないので新天地に移るという考えであった。江戸の新政府では、危険な旧幕府海軍がいなくなり喉もとの武器がなくなったので一安心という雰囲気であった。

しかし京都では、榎本艦隊の東京脱出の報が伝わると、それでなくとも東京遷都に反対してきた公卿をはじめ、京に馴れ親しんだ諸藩士までが反対運動を激しくした。京都の住民もそれを応援した。彼らは三条邸の門前に張り紙をして激しい言葉で建白したので朝議も動揺する有り様となってきた。

それを伝え聞いた新平は「これ千載一会の機を逃し、国家百年の大計を誤るものなり」と「東京御幸遅延を諫むる」を発表した。三条は必死な新平の建白を受けいれた。

そのころ勝海舟は、駿府の旗本に不穏な動きがあると脅しをかけていた。

勝は御東幸が実現しそうだとみて、駿府に慶喜や家臣とともに移住した旗本たちのありもしない鎮撫の話とひきかえに、駿府地方の七十万石を引き渡させるという確約を得たのである。

京都では八月二十七日に御東幸反対派をおさえ天皇の即位の大礼があった。九月八日に慶応四年を改め明治元年とした。そして一世一元の制、つまり今後は天皇一代に年号一つと定めた。

岩倉具視と諸公卿および諸藩士二千人を従えた天皇一行は、九月二十日に京都を出発し東海道を進んだ。途中沿道の孝子、節婦をえらんで褒賞し、七十歳以上のすべての老人に慰問の金品を与えた。また水害、戦火などの罹災者に見舞金を渡し農民や漁民の働いている場に臨むなどして民衆を感動させた。新平と大木喬任が閏四月一日に建白したとおりのことが実現したのである。

明治元年（一八六八）十月十三日天皇は江戸城に入られた。そしてそこを皇居と改めた。そのとき天皇は十六歳であった。質素な京都の御所にくらべ江戸城のあまりの豪華絢爛さに茫然としておられるのを見て、三条はおもわず落涙したという。

二十六日、東京市民に御酒を下されるという布告が出された。天皇の引越し挨拶である。十一月六、七日の二日にわたって市民はみな家業を休み、天皇下賜の二千九百四十の酒樽に「天皇盃」と書いたのぼりをたて、花飾りの車にのせて曳き御下賜の土器を天盃と称して祝った。将軍家瓦解以来火の消えたようだった町は祭りのような賑やかさであった。

彰義隊がはばをきかせていた五月ころまでは、江戸住民は将軍家に同情し官軍を芋侍と蔑んでいたのが、半年たらずの間に新政府は民衆の心をつかんでいた。

新平は、東京市民の生活が成り立つことが第一と思い種々の方策を考えた。まず、領地や知行地に引き込んだ大名、旗本を東京に呼び戻しそれによって消費を増やそうとした。彼らは東京に家があるから都合がよい。そして禄高に応じて兵を出させて東京の守護兵とする案である。

また恒久的な施策として産業を興すことを考えた。それには資本が必要である。そこで、「東京府金札御貸付所」という役所をつくり、その長として佐賀での親友で三瀬の関所の役人だった古賀一平を呼び寄せた。それは古賀に対する友情ばかりではなく、金を扱う役所に古賀ほどの適任者は他にいないという信念でもあった。

金札御貸付所では、窮民に金を貸し付けて十三ヵ年年賦利息なしで返済させる制度をつくった。また家主は商売の元手として、地所を抵当にして願い出た金額を借りることができた。

新平は東京の市政に携わっていたこのころから市街地改造の計画を持っていた。明治三年十二月十二日神田で大火があり千百戸が焼失、同月二十八日には新橋から京橋にいたる地域に大火が起こり三千四百戸が焼失した。ここに至って新平は「京橋は皇城に近接せる地にして防火の設備は今日の急務なり。而して東京市は欧米各国首都に倣いて之を改築せざるべからず。故に今日の火災を機として模範的建築の制を実施すべし」と建議した。東京府はこの建議を容れ、新橋から銀座、京橋にわたって公設の煉瓦家屋を建築し、これを民間に貸与することとした。

明治七年四月、日本橋から銀座にかけて煉瓦造りの町並みに植えられた満開の桜並木の下で、盛大に祭りが催された。

同じとき、新平は佐賀の刑場に曳かれていた。

十五　版籍奉還

鳥羽、伏見の戦いからはじまって、上野の彰義隊、会津、庄内征討から榎本軍が守る五稜郭をあけ落とすまでに動員された政府軍は約十二万人、戦死者およそ三千五百人であり、これは日清戦争と同じ規模の大内乱であった。

このとき佐賀藩では、薩摩藩につぐ五千余人の兵を出した。これは土佐藩の二倍に及ぶ兵員数であり、そのうえ兵器も最高のものを持っていたので、ようやく新政府において薩、長、土につぐ地位を得ることができたのである。

他の諸藩にあっても朝敵になるのを恐れ、また新政府内での地位を確保するため政府軍に参加した。これによって新政府の権威は強固になりその実力者であった木戸、大久保らの地位も上がった。

他方、諸藩は戦費の支出によって財政の破綻を来たしており、藩の実権は戊辰戦争に従軍した下級武士層に移ったうえ農民一揆が頻発するなどして、藩主の支配力は弱まる一方であった。藩主たちは、政府に依存することによって藩体制の瓦解を阻止しようと版（土地）と籍（人民）に対する封建的な支配権を朝廷に返上する「版籍奉還」の考えに、大した抵抗もなくその機運が高まってきた。

新平はそのころ東京市政に全力を注いでいたが、京都から東京に出てきた大木喬任から京都政府が版籍奉還を計画していることを聞いた。

版籍奉還は新平が長年の夢としてきたことで、文久二年に脱藩上京した折にはそのことを姉小路公知を通じて天皇に上奏したことがあった。大木の話に新平は非常に喜んだ。そして今度こそ佐賀藩が版籍奉還に出遅れないよう、ただちに鍋島閑叟の上京を促す手紙を藩の執政中野数馬にあてて送った。

閑叟は版籍奉還に全く異存なかった。のちにそれが発布されると閑叟と直大親子は、佐賀に帰っていた元藩士の副島を自分と同等に扱って恐縮させている。藩士たちもまた誰一人として反対するものはいなかった。しかし、最大の尊王藩であるはずの薩、長両藩では藩主や門閥の重臣たちばかりでなく、戊辰戦争で手柄をたてて力を得ていた下級武士たちまでも奉還には大反対であった。薩摩では戊辰戦争後帰郷していた西郷隆盛が、彼ら藩士の不満を抑えていたが、長州では藩士の間で反対意見が強く、のちに長州諸隊の反乱にまでエスカレートしたのである。

その後、薩、長、土の代表者は京都円山で会合し、ようやく版籍奉還に意見が一致した。そこで明治二年一月二十日、佐賀も入れて四藩主の名で朝廷に版籍奉還を奏請したのである。

明治二年版籍奉還問題は進捗した。五月二十一日上局会議がひらかれ木戸はそこで郡県制断行を主張した。木戸のもとには洋行帰りの進歩的な官僚が多かった。

一方大久保は、藩主の父島津久光への顧慮や大久保自身が旧藩の力を後盾としていたこともあって、藩主を世襲の知事に任命することを主張した。ここに木戸と大久保の政治的な対立が始まった。結局木戸の強硬な反対で大久保も譲歩し「世襲」の二字は除かれた。

メンバーの中で、三条は木戸に近く岩倉は大久保派であった。

明治二年六月十七日から二十五日にかけて、天皇は版籍奉還を聴許すると発表し各藩主は知事に任命された。これにより各藩主は封建領主ではなく政府の地方行政官となったのである。

版籍奉還が発令された直後の二十一日から数日間、政府内において長州派の大村益次郎、木戸孝允と薩摩派の大久保の間で兵制について大論争が起こった。長州派は「農民（庶民）を募り親兵とする」国民徴兵制を主張し、大久保は薩、長、土の三藩の精兵を中央に備えることを主張した。議定の岩倉はつねに大久保に動かされていたので大久保の主張が通り、三藩の兵の一部を中央に配備することにきまった。戊辰の役で働いた佐賀藩の兵はなぜか除外され、肥後藩から一大隊をとった。

大村は農兵を募集することを主張したため、士族の地位を脅かすものとして各地の士族の憤激を買い京都市内で襲撃された。重傷を負った大村は半年後の十一月五日に死亡した。

新平は、大村はともに彰義隊討伐をおこなった仲であったので、新平の悲しみは尋常ではなかった。

七月八日またもや官制が大改造された。さきの改造からわずか二ヵ月後である。政府は祭政一致をたてまえとして、神祇官を上位とした。

太政官には左大臣、右大臣、大納言、参議をおき、その下に民部、大蔵、兵部、刑部、宮内、外部の六省と大学校（文教管理）、弾正台（検察庁兼警察庁）等をおいた。各省には、卿、大輔、小輔以下の役職をおいた。右大臣には三条が、大納言には岩倉と徳大寺、参議に副島と長州の前原一誠が任命された。

このとき意外なことに大久保、木戸、板垣は顧問役の閑職に任じられた。その理由として、彼らは創業の功臣であるからこのさい激職を免じて休養させるというものであったが、大久保は四十一歳、木戸は三十七歳で、とてもまだそんな年齢ではない。木戸は不満を示して任命を辞退した。

ところが大久保はこの人事を喜んで受けた。実はこの人事はライバルである木戸を蹴落とすための大久保の策略で、岩倉にメモを内々に差し出して強行したものであった。それほどに大久保と岩倉は固い絆で結ばれていた。維新の変動期に手を握って以来の固い二人の関係であった。ここにも大久保の狡猾な面が窺える。

案の定九日後、三条、岩倉は大久保、木戸に参議就任を依頼した。病気を理由にさきの任命を辞退していた木戸はこれも辞退するほかなかった。大久保も表向きは辞退したが五日後には参議に就任した。そして大久保は佐賀出身の大隈重信を大蔵大輔に就任させた。

大隈は大政奉還後長崎において副島種臣のもとで、幕府の長崎奉行が江戸に逃げ帰ったあとの混乱の収拾をおこなっていたが、副島がその功績を認められ徴士として中央政府に登用されたあとも彼は長崎に残っていた。慶応四年二月のことである。そこへ九州鎮撫総督兼外国官事務総督として、七卿落ちの一人である沢宣嘉が参謀の長州出身の井上聞多（馨）とともに着任した。

そのころ長崎の浦上や五島に潜んでいた隠れキリシタンが、信仰の自由を求めて現れてきた。ところがキリシタンに無理解な沢、井上は大弾圧を加えた。拷問によって信仰を捨てさせようとし、それでも捨てない者を悲惨な流刑に処した。これに対し長崎にいた各国の公使らは反対し抗議したが、なかでも強硬なのが英国公使パークスであった。

長崎で各国公使に対応したのが、フルベッキのもとで英会話を学んだ、大隈重信であった。大隈は「内政干渉である」として一歩もひかずよく対応したので、新政府は急遽大隈を徴士とし外国事務局判事の肩書きを与えた。

それ以来大隈は新政府に重く用いられ、佐賀出身の副島、江藤が進歩的な木戸と親しいこともあって大隈も木戸派と見なされるようになった。明治二年三月三十日、大隈は外国官副知事と会計局副知事を兼任するようになった。外国官が外国貿易や外国からの洋銀の借入に関係していたからである。日本の貨幣を円に統一し十進法にすることを建白したのも、木戸派の洋行帰りの若手官僚の進言を大隈がとりあげたのであった。

しかしこのたびの官制改革で木戸とともに辞職しようとした大隈を、大久保は大蔵大輔に抜擢し、それ以来大隈は大久保派となっていった。


佐賀に帰って藩政改革に専念していた新平は、朝命によって十月十八日東京に呼び戻された。当時新平は県政に議会制度を取り入れることを考えそれに着手していたが、太政大臣三条実美から行政官弁事に就任するようにとの要請をたびたび受けていたのである。

そのころ中央では辞職した木戸を擁する長州派と、大久保を中心とした薩摩派の対立によって政府内部は混乱し、そのうえ内外の問題が山積していた。そこで政治の実務家としての新平の手腕が必要とされたのであった。

東京に着いた新平がさっそく太政大臣三条実美のもとに挨拶に行くと、三条は新平を大弁に任ずるといった。大弁とは太政大臣と同様に古代の律令制の形式を採用した行政官の名称で大、中、小の位があった。新平は大弁は公卿がつく位であるからと固辞したので中弁に任じられた。そのころはまだ長官には飾りものの公卿が就き藩士出身の次官が実権を握るという形が多かった。

新平が明治二年十一月に就任した中弁の職は、現在の内閣官房長官や法制局長官にあたる職務であった。

当時は官制の細目が整っていなかったので、新平は太政大臣の三条や右大臣岩倉具視の側近として、いろいろな政務の決定に参与した。版籍奉還の受付をはじめ重要な書類はすべて弁官に宛てて提出され、弁官によって裁決されるという状態であった。版籍奉還にあたって、新平が江戸開城の式典のあと幕府の評定所において収納した国別明細図が、その後行われた廃藩置県とともに、行政区域を決めるうえで非常に役立ったのであった。

明治三年太政官に制度局が設置された。新平は中弁職のまま制度局主任としてもっぱら制度の調査に従事し、四年二月制度局御用掛となった。彼は制度局に民法編纂会を開き、自ら会長となって箕作麟祥《みつくりりんしょう》を抜擢し、フランスをはじめヨーロッパ各国の法律を翻訳し民法編纂に用いようとした。

新平がもっとも手本としたフランスの民法典はナポレオンが広めた「ナポレオン法典」である。

これはフランス革命によって封建の独裁を脱し、自由、平等、博愛の精神にのっとって一八〇四年に公布されたもので、現在もなおフランスにおいて効力をもっているほど完成されたものであった。この法律をナポレオンが占領した国々に公布したため、その国の民権思想が盛んになり彼の独裁が打ち破られついには破滅にいたったといわれている。

新平が日本の民法を作るにあたって、このフランスの民法を選び出し下敷きとしたのはとりもなおさず、新平が民権主義者であったからである。彼は民法典の制定を急いだ。新平は一刻も早く日本を法治国家とすることを熱望していたのである。

新平が抜擢してフランス民法の翻訳にあたらせた箕作麟祥は、慶応三年からフランスに留学していた。「民法編纂会」席上、箕作が「ドローシビル」という語を「民権」と訳したところ「民に権があるとは何事だ」という議論が起こった。そのとき新平は「民権という言葉は他日必ず活用する時がくる」と発言してようやく騒ぎをおさめた。その「民権」の二文字が四、五年ののちには世論の声となり、藩閥打破の声ともなった。

新平は佐賀藩政改革のために出京が遅れたが、それでも新生日本の政治の中心に位置することとなった。新平は大きな喜びをもって日夜職務にはげんだ。

新平が中弁に任じられてから一ヵ月ほどたった十二月二十日の夜であった。ようやく激務の間に暇をみつけ、鍋島上屋敷に旧藩主直大を訪問した。日ごろは軽くしか酒を嗜まない新平が、その夜は珍しく賜酒に深く酔ったので乗馬を先に帰し、夜の十一時麹町飯田町の自宅に向かった。三人の駕籠かきのほかには、御用箱を持った十五歳の黒沢鐘次郎と提灯をさげた下僕の国作がついていた。旧大名の邸宅が立ち並ぶ道を過ぎ、片方は堀、片方は琴平神社の森という人気のない場所に来ると、ふいに暗闇に隠れていた六人の男が抜刀して襲い掛かってきた。

あっというまもなく賊は駕籠に駆け寄り刀を突き立てた。酒に酔ってうとうととしていた新平は不意をつかれ、肩さきと上腕部を斬られた。新平は反射的に小刀を抜きはなち駕籠の戸を蹴破ると同時に「ぶれいものー」と大声を発し、賊がひるむ一瞬のすきに暗闇に飛び出して、かたわらの塀に身をひそめた。賊たちは集まってきて何度か駕籠に刀を突き刺していたが、「残念なり、残念なり」との声を残して去っていった。

黒澤少年は持っていた御用箱を近くの番所に預け、鍋島屋敷に走ったがなかなか戻ってこなかった。新平が血を滴らせながら鍋島屋敷にたどりついたとき、ようやく邸内から人々が走り出てきた。

鍋島直大は非常に驚き侍医に応急手当をさせたが、肩の傷は深く新平が着ていた羽織は血にまみれ袂には流れ出た血が溜まっていた。

賊は六人とも佐賀藩の足軽で二十九歳の池田園助をのぞくと十八歳から二十歳までの若者ばかりであった。彼らは新平が足軽の権利を侵したと怒って暗殺しようとしたのである。のちに捕縛された六人の自白によると、新平を暗殺するために十数人が上京し機会を狙っていたという。しかし新平は馬車や駕籠に乗らず、外出にはいつも馬に乗っていてそれまで一度として斬りかかる隙がなかった。

そのころ佐賀から東京へ行くには、非常に金のかかる旅をせねばならなかった。とても足軽たちが十数人もそろって上京するなどできるはずがない。その裏にはかれらを扇動して金を出した黒幕たちがいたに違いない。新平がおこなった藩政改革によって罷免された無能な役人や、私腹を肥やしていた役人たちが、悪徳商人と手を組んでしたことと思われる。

「江藤中弁、刺客の難に遇う」の報は、一日にして朝廷にまで達し二十三日には天皇から御見舞の菓子一折を下賜され、太政官からは、「其方儀　不慮之難に遇候段…養生料金百五十両下賜候…」との通達があった。上京してからわずか一ヵ月余り、新平がいかに働き、またいかに三条、岩倉らの信頼を受けていたかがよく分かる。

手を下した足軽六人のうちある者は自首しある者は捕らえられた。新平は病床でそれを知り、直大を通じて「彼らを呼んで欲しい、説諭するから」とお願いしたがついに許されなかった。閑叟は「いやしくも私憤を以って在朝の功臣を刺さんとするは、その罪許すべからず」と六人に切腹を言い渡した。当時はまだ旧藩主が旧藩内の人民の法律を定めていた。それも朝敵となることを恐れて判断していたのである。のちに新平が司法卿となり全国的な法律を定めるまでその慣例は引き継がれた。新平は出血多量で一時は重態に陥ったが三十六歳の頑健な体は回復も早かった。

そのころ新平は、政府高官たちが下級武士だったころのことを忘れて、大名をしのぐ贅沢な生活をしていることに腹立たしく思っていた。

たしかにそのころの政府高官は多額の収入を得ていた。明治元年の高等官吏俸給表によると月給は次のとおりであった。

一等官	輔相、議定	七百両
二等官	参与、府知事	六百両
三等官	大弁、一等県知事	五百両
四等官	中弁、二等県知事	三百両
五等官	三等県知事	百五十両

新平は、彼らが幕末に尊王の志をもって走り回っていたころを忘れ、豪奢な生活をし

ているこことに対する怒りに耐えることができなかった。のちに「人智は空腹より生ず」という言葉とともに、自分が極貧のなかで空腹に耐えて育ったことを新聞に発表したのも、禄を失った士族の子弟を励ますとともに、庶民の貧しさをよそに豪華な生活をする新政府の役人たちに反省を促そうとしたからであった。

鹿児島に引っ込んでいた西郷も同じことを考えていて「当今朝廷の御役人は・・・多分の月給を貪り、大名屋敷に居住いたし、何一つ職事揚げ申さず、悪く申せば泥棒なり」と言っている。

新平はそのころ母をはじめ妻子を東京へ呼んでいた。弟の源之進もそれに同行し、残っていた塾生もついてきた。源之進は、まもなく永年の希望であった貿易商になるため長崎に行った。島義勇の旧邸を借り受けた新平の住居は、たちまち丸目村の私塾と変わらぬ有り様となった。

十六　廃藩置県

明治二年六月十七日、版籍奉還が行なわれ各藩主は藩知事となっていた。藩の数と同じ二百七十四人が任命されたのである。また家臣を県庁の役人とした。したがって多くの藩では領主の名称が変わっただけで、内実は依然として江戸時代と変わらなかった。そういう訳で反対もなかったが、一歩進んだ廃藩置県を実行することは容易なことではなかった。特に最大の尊王藩であるはずの薩摩、長州両藩の反対がもっとも強かったのである。

明治二年七月の官制の大改造で、木戸孝允が顧問役である閑職の待詔院出仕を辞退して以来、薩摩と長州の関係は悪化していた。薩摩の島津久光、西郷隆盛と長州の毛利敬親は藩地に引っ込んだままで、たがいに軍備の強化につとめていて天下再乱が起きるのではないかとの噂さえ流れた。

大久保はこの事態を克服するためには長州と手を結ぶ以外にないと決心し、参議を辞して待詔院出仕にもどり、木戸へ至誠をもって示談し薩長合一の根本をたてるよう努力した。これによって大久保と木戸の関係は好転した。

それは新平が三条の要請をうけて上京したころであった。

大久保は木戸とともに山口に行った。そして大久保はそこからさらに薩摩に帰って旧藩主の上京を説くことにした。

しかし山口では長州藩諸隊の反乱にあい、鹿児島では久光が政府の方針を非難攻撃して、とうてい旧藩の力を借りるどころではなく大久保はむなしく帰京するほかなかった。

大久保が三ヵ月間東京を留守にしている間に、大久保が大蔵大輔に抜擢した大隈重信は、行政、財政上の広大な権限を握っていた。民部省の大輔も兼任していたからである。卿は旧大名の伊達宗城で実力がなかったので、その勢力は太政官をしのぐほどであった。そこで、大久保は大蔵省と民部省を切り離し、大蔵卿を伊達、大輔大隈、少輔伊藤とし、民部省は卿のかわりに岩倉、大輔大木喬任、少輔吉井友実としたが、いずれも大久保の息のかかった一派であった。

大蔵省、民部省を切り離し、両部を大久保派で占めたため大久保と木戸の対立、ひいては薩、長藩閥の対立を再燃させた。

岩倉具視はこの事態を克服するためには、まず施政方針を確立すべきだと考え、その草案の作成を中弁江藤新平に命じた。新平がそのすぐ前に「賞典制度案」を提出していたのに着目したのである。新平の「賞典制度案」は各国の賞典制度を研究し、軍功を賞典するだけでなく文事に功のある者にも与えることの必要性を述べている。

新平が、岩倉の依頼によって心血を注いで「建国策」の草案を書いている間の二ヵ月間も、民蔵分離によって起こった大久保と木戸の対立で政局は混乱していた。

岩倉より年は若いがいかにも雲上人といった三条実美までが新平に手紙を出して「建国策」に期待し注目していると書いた。

大久保のやり方に大いに憤慨していた木戸も三条の手紙を知り、内密の相談をしたいという大層丁寧な手紙を新平に送ってきた。

中弁の一員にすぎない新平であったが、そのとき三条、岩倉、木戸からこのように信頼を受けていたのであった。

新平が草案を書き、岩倉の名によって提出された意見書「建国策」は、非常に長いものであるが項目をあげると次のようなものであった。

「建国策」

一、　建国の体を明らかにすべき事

二、　国家経綸の根本を定むべき事

三、　政府歳入歳出を明にし其計算を国民に知らしむべき事

四、　政府将来施設の目的を立つべき事

五、　郡県の体を大成せんが為に漸次其の方針を示すべき事

六、　列藩の改革は政府の裁断を仰ぎ一途に帰せしむべき事

七、　華士族家禄の制を変革すべき事

八、　士族及び卒に農工商の業に就くことを勧誘すべき事

九、　藩知事東京朝集の制を廃し地方に在住せしむべき事

十、　藩を改め州郡となすべき事
十一、天下民治の規則を一定して民部省の総轄に帰せしむべき事
十二、天下の財源を一定にして大蔵省の総轄に帰せしむべき事
十三、天下の兵制を一定して兵部省の総轄に帰せしむべき事
十四、天下の刑罰および人民訴訟の法を一定して刑部省の総轄に帰せしむべき事
十五、天下に中小学校を設置して、大学（後の文部省）に隷属せしむべき事

岩倉にとって、新平は岩倉の考えを一歩高めそれを条文化し、具体化するうえに欠くことのできない存在となっていた。

また、新平はその年閏十月二十六日「国政改革案」を三条に提出した。この改革案には「江藤胤雄草」と署名がある。当時新平は三条、岩倉のもっとも信任厚いブレーンであった。

民部、大蔵分割以来、大久保と木戸ひいては薩摩と長州の関係が険悪となっていたが、大久保は木戸との提携なくしては政局の混乱を収拾できないことを思い知り、再び木戸との和睦のきっかけとして岩倉、木戸とも親密な新平の「国政改革案」を取り上げ

木戸に近づいたのであった。

明治四年二月、新平は中弁の職はそのままで制度分局御用掛兼務となった。そして、幾日も経たぬうちに東京府警察取調御用掛に任ぜられた。

それまで東京の警察制度は、諸藩から出した市中取締りと兵部省所管の別手組があったがそれを統一しようとした。

そして新平は欧米の例にならい巡査を置いた。それは、のちに西郷隆盛が上京の際に引率してきた千人の鹿児島県士族たちの就職の場としても使われた。さらに新平が新たに募集した二千人の中には賊軍となった旧藩士たちも多数入っていた。その三千人をもって東京の警察組織をつくった。

これが日本で最初の警察制度であり、警視庁の基礎となった。新平が自ら調査研究した制度を完全に実施したのは、明治五年に司法卿になってからである。

このあと木戸や新平の主張が通り工部省が設立され、それまで民部省の管轄であった製鉄、鉱山、鉄道、電信などを担当することとなり、反大久保派の後藤象二郎が大輔となり一応の落着をみた。
政府機構の強化は大久保のもっとも望むところであった。それにはどうしても全国の士族に人望のある西郷の力が必要であったが、西郷引き出しのため鹿児島に行くには木戸と仲直りをせねばならない。大久保は木戸に会いその了承をとりつけた。

十一月二十九日、岩倉を勅旨とし随員の資格をもった大久保は、島津久光、西郷の上京を求めて鹿児島に向かった。久光は病気を理由に猶予を願ったが西郷は受託した。大久保の思ったとおりになったのである。西郷は政府の役人が高額の月給を貪りながら、ろくな働きもしていないと憤慨していたところであったので、改革の好機到来と多数の兵士を連れて行くことにした。
明治四年一月七日、岩倉、大久保、西郷は鹿児島から山口にまわり木戸と会談した。そして西郷の発案で大久保、木戸、西郷は高知に回って板垣と会い、薩、長、土の三藩から御親兵を出すことを申しあわせた。一月十八日のことである。

同じ日、東京の邸で鍋島閑叟が死去した。享年五十八歳であった。葬儀委員長は意外にも先輩の副島、大木でもなく、飛ぶ鳥落とす勢いの大隈でもなく、江藤新平であった。十九日、葬儀は神葬の古式にのっとって挙行されたが、翌二十日葬儀委員の一人古川松根が殉死した。これが日本における侍の最後の殉死といわれている。

二月十三日、薩、長、土の三藩に御親兵招集の命が下った。佐賀藩は外された。大政奉還以前の出遅れがいつまでも響いていた。とはいえ佐賀藩は戊辰戦争では薩摩藩に次ぐ兵を出し、戦死者も多く出している。このときは不満が表に現れることはなかったが、この次に一時あるときは出遅れないぞ、とする県民の決心は堅く、それが征韓の急先鋒となって、新平を巻き添えにする佐賀戦争（佐賀の乱）への底流となったのであった。

その御親兵の割りふりも、薩摩藩の歩兵四隊、砲兵四隊、土佐藩の歩兵二隊、騎兵二隊、砲兵二隊に対し、長州藩は歩兵三隊にすぎず不満を持った木戸はまたもや山口に帰ってしまった。

大久保は山口へ行き木戸を説得して連れもどした。そして木戸一人を参議にして他はそれに協力すると提案した。木戸はそれを固辞したので、西郷、木戸を参議とし、大久保は参議を辞任して大蔵卿となり行政の実権を掌握した。名を捨てて実をとったのである。ここにも大久保の狡猾さが透けてみえる。そして大蔵大輔に大隈を当て、その下も大久保派で占め自分の地位を盤石なものとした。

そこで、西郷は出郷にあたって決意した大改革とはほど遠い状況になったため、西郷と大久保の仲もきしみだした。

そのころ長州出身の若手官僚山県有朋らが廃藩論を言い出し、それを西郷が取り上げたので事態は急に進展することとなった。

西郷、大久保、木戸を中心に廃藩の密議が重ねられた。意外なことに、岩倉は薩長の専横を恐れて時期尚早を唱えた。

しかし薩長の勢力をバックにした大久保の力は、版籍奉還のころとは比べものにならないくらい強くなっており、もはや公卿の力を借りる必要はなかった。

七月十四日、天皇は在京の各藩知事を招集し、「…藩を廃し県と為す…汝ら朕が意を体せよ…」と命令を下された。こうして二百六十一藩が廃され、全国は三府三百二県となった。三条、岩倉以外の公卿、諸侯はすべて免職となった。しかし西郷の率いる一万の軍団の威力がものをいって、抵抗するものもいなかった。政府は知事、士族の禄を保障し、藩債を肩がわりした。

同じ日に、大隈重信、板垣退助が参議に任命された。

廃藩後、官制が大改革された。二十七日、民部省が廃止され、駅逓、戸籍、勧業の三司が大蔵省に移された。その結果大蔵省は産業、財政の全権を握り、戸籍司によって地方行政を掌握したので、大蔵卿大久保利通に強大な権限が集中した。一年前、大久保は民蔵分離を強行したが、今度はその反対のことを臆面もなく行った。

佐賀藩では、新平が何度か鍋島閑叟に会い、四年一月初め、閑叟が重態におちいる前に、廃藩置県に関する最後の承認を得ていた。

それゆえ廃藩置県の発表と同時に、鍋島直大は父の遺志をついで軍艦と汽船七隻を政府に献納するとともに、閑叟在世中に貯蓄した金七十一万両をも献納した。

廃藩置県が天皇によって申しわたされた四日後の明治四年七月十八日、「大学」が廃止され、代わって文部省が設置された。

新平は太政官中弁の職から新設の文部大輔となった。新平は卿の下の大輔ではあったが、文部省は卿を置かなかったので、実際には文教行政の最高責任者となったのである。

新平はまずそれまでの大学の官吏を淘汰して精選するとともに、新進有能な俊才を出身にこだわらず抜擢した。中でも、若年とはいえ箕作麟祥の学識を高く評価し、権大丞兼大教授に抜擢した。

新平は、全国的に学校を創り全国民の教育を行う方策をたてた。「村に不学の家なく、家に不学の人なからしめんことを期す」との方針で、一定年齢の児童すべてを収容することを目標とした。従来の学問が侍以上の独占物であった点を改め、学問、教育の目的を「身を立てるもとで」としたのである。特に女児に対しても教育の場を与えたことは、母から教育をうけた新平なればこそであった。

その学制は、文部大輔になってからの思いつきではなく、佐賀藩の蘭学校で研究していたことを実行に移したものである。この構想が実施されたのは、新平が左院に移ってからで「学制」(明治五年八月三日公布)として体系化された。

新平が左院に転出するのと入れ替わりに、同郷の大木喬任が文部卿になったが、新平が抜擢した人材はよく新文部卿大木を助け、新平の意図するところを実現した。

慶応四年閏四月、はじめて体系的な官制が施行されたとき、立法議院の前身ともいうべき組織である議政官がつくられた。しかし藩閥間、主として薩、長の間で政治が権力争いの具とされるにつけ、立法府とは名ばかりですべて行政官の思いのままに動く飾りに過ぎなくなっていた。

新平は、中弁職にあったときから議政機関の設置を唱え続けていた。そして廃藩置県にあたり、後藤象二郎の賛同を得て議政機関の復活を企画し建策した。この建策は当時新平に対し厚い信頼をよせていた岩倉、木戸の後押しもあって採用された。

この改革は、太政大臣三条実美のもとに正院があり、その下に立法府としての左院、行政府としての右院、そして刑部、弾正台を廃し司法権を統合した司法省の三権が分立する制度で、これはさきに政府の要請で新平が提出した「官制改革案」の内容を実施したものであった。

ところが新平は文部大輔の職を与えられた。なるほど高位には違いない。また彼は文教政策に対する抱負も持っていたが、議政機関設置の方に気が向き落ちつかなかった。そこで、文部大輔として短期間に人事の刷新と文教政策のアウトラインをつくると、あとを大木喬任にまかせて左院へと転じたのであった。

左院での新平の役職は一等議官に過ぎなかったが、新平にとって身分の高低はどうでもよかった。議政機関を設置するのだという信念を貫き通す男であった。新平は議長に後藤象二郎を推したが反対があり、六日後に新平が副議長に格上げされて左院を組織することになった。二ヵ月後、後藤は工部大輔をやめて左院議長となったが、すべてを新平に任せ、自由に活動できるようにした。

まず人事であった。左院は議員を選挙によって選出する現在の議会とは違い官選であったから、その人選は殊に重要であった。新平が太政大臣三条に推薦し議官としたのは三十四人であったが、薩長両藩士は四人にとどめ、他はことごとく他藩、幕臣の秀才であった。

新平は左院の役割を「衆論を尽くす」立法機関とした。制度、規則の改廃や起案には、定足数、多数決の原理を打ち出した。

明治五年三月十四日、新平は左院副議長のまま新たに設けられた教部省御用掛に任ぜられた。

新平は文部大輔から一階級下の左院副議長になり、また教部省御用掛になった。新しい組織を創るために、まさに八面六腑の働きであった。

新平が教部省において改革したなかで、特色のあるものは三月二十七日布告の社寺の女人開放であろう。「神社仏閣の地にて女人禁制の場所、廃止され候。登山、参詣等自由になすべき・・・」というこの開放令は、新平が就任早々提唱したもので女性の人権、自由を守ろうとの理想から出たものであった。

これには反対意見が出たが、もう一つ反対の騒動が起こったものに僧侶の肉食妻帯許可令があった。新平が教部省に抜擢した中に清涼寺鴻雪爪がいた。彼は彦根藩主井伊家の菩提寺の住職をつとめた人であるが、早くから勤皇を志し、木戸孝允、後藤象二郎らと交わっていた。鴻雪爪は、京洛の多くの寺院の僧侶たちが妻をめとらず家族を持たないがために、かえって隠れて遊蕩にふけり堕落している状況を新平に語った。新平はそれを取り上げ四月二十五日、「これより僧侶、肉食、妻帯、蓄髪等自由となすべき・・・法要時以外は人民一般の服の着用苦しからず・・・」という布告を出した。僧侶たちはこれを強制されたと誤解して反対し、総代一行は京都知恩院住職を先頭におしたて教部省に向かった。

あいにく新平は不在だったので、応対に出た鴻雪爪に「この売僧奴」とののしり大騒ぎになったが新平が佐賀から抜擢した高木秀臣が「我々武士は、武士の魂である大小の刀を捨てている。王政復古の世に刀を帯びる必要がないからである。全国の僧侶も形式に拘泥せず精神を修養し、時勢にしたがって人道を尽くし任務を完うせられよ」と情理をつくして諭したので、ようやく鎮まり引き上げたのであった。

明治五年四月二十五日、新平は教部省を去った。司法卿に任命されたからである。

十七　岩倉使節団

新平は左院で、日本の法律の不備を補い西洋列強とならぶ法治国家を確立するために、先進各国の憲法や諸々の法律制度の調査に力をいれた。それは制度局御用掛のときから一貫していた。佐賀藩の蘭学校で学んだ六年間の知識を基礎として、その後自身の調査研究によって得た知識は、権力争いに明け暮れている他藩出身の政府高官の太刀打ちできるところではなかった。

岩倉具視は、そのような新平に、世界情勢と今後の日本の外交方針はどうあるべきかを求めた。新平はそれに対して「対外策」を提出した。その概要はつぎのようなものであった。

一、ロシアは国土広く人口多し。文明はまだ欧州に及ばないが兵は強く、その数七十万人。まさにアジアを呑まんとしている。

一、プロシア（後のドイツ）は兵強く、人民の能力あり。近年フランスを破ったときは、ロシア、アメリカと友好をたもち、イギリスを中立させた。その策略は見事で、そのうち欧州を呑み込む策略も建てるだろう。（新平は明治四年に世界大戦を予想していた）

一、ロシアはアメリカと親しく、アメリカはプロシアとまた親しい。ゆえにロシア、アメリカ、プロシアの三国が親しむことは勢いである。プロシアのビスマルクはロシアの首相と密約を交わし互いに中立して相助けんとしているとの風説あり。

一、ロシアの欲するところはアジアである。プロシアは欧州を、アメリカはメキシコを欲している。このように三国の目的が違えば争うところ少なく親しく交わるところ多し。

このような世界情勢であるから、わが国が今後ロシアから難題を押し付けられたときにはどうすべきか、その対策についても「有能で信頼のおける人物を、アメリカ、プロシア、ロシアの三国に幾度も遣わして倍々の親厚ならしめ、ロシアより難題を申し懸かるときは、アメリカ、プロシアよりこれを止めしむるの策を施すべし。もとよりイギリスとは通例の交わりをなすべし」と書いている。

新平はロシアの脅威を非常に強く感じていた。それは当時の国民全体の意識であり、またロシアが不凍港を求めてアジアの侵略を考えていたのも事実であった。新平はロシアの侵略を防ぐには、将来すすんで日本が支那の民衆の心を安んじる政治を行う、そのため今から兵力を蓄える必要があると論じた。

明治四年八月二十日ごろの閣議に、大隈重信は条約改正のために欧米をまわり先進文明を調査する使節団の使節となる議案を提出した。廃藩置県が思いがけずスムーズに行われたあと、条約改正は政府の重要な課題であった。当時大隈は条約改正御用掛参議である。閣議では大隈の全権使節就任が内定した。

ところが大久保がそれに反対した。大隈に外交の主導権を握られることを恐れたのである。また大久保は、自らの目で欧米の状況を視察することによって、大隈、副島、大木、江藤らの佐賀藩出身者が持つ知識、教養の上位に立つことを狙ったのである。

大久保は岩倉をさそい自ら条約改正にあたろうとした。そのことで問題は大きくなり、使節はその任務の失敗は許されなくなってきた。大隈の計画では大使一名、副使一名、理事官若干名の小規模なものであったが、大使が大隈から岩倉にかわると大規模にならざるを得なかった。

そのうえ、大久保は木戸を残して行くことに不安を持った。そこで大久保は木戸を誘った。木戸は一度は洋行してみたいと思っていたのか、大久保から使節として勧誘をうけるとそれに応諾した。それによって、大久保は留守中に長州派の勢力が盛んになる心配がなくなった。

ついに使節団は政府関係者約五十名、その他下働き等をあわせると百名余にもおよぶ人数となった。

特命全権大使岩倉、副大使大久保、木戸、伊藤そして四人目の副大使山口尚芳は佐賀出身の外務少輔で、一行の事務長格であった。

出発に当って大久保は、帰朝まで現状を維持することを残留組に約束させた。その約定書に新平の署名はない。署名は大輔以上で、そのとき左院副議長であった新平には資格がなかった。その約定に西郷は怒った。あわや出発延期という事態となったが、それでは訪問先の諸外国に対し面目ないということになり、予定通り出発することとなった。西郷をなだめたのは新平であった。

明治四年十一月十二日、一行は祝砲に送られて横浜港を華々しく出発した。

アメリカに着いた一行は、思いがけない大歓迎を受けた。東洋の珍しい風俗の未開の国からきた使節という、多分に好奇心と優越感が相俟っての歓迎であったのであるが、一行はアメリカの好意を過大評価してしまい、親善訪問の目的を越え条約改正の実現を考えるようになった。しかし使節団が持参した委任状にその権限がないことをアメリカ側に指摘された。

大久保、伊藤の二人は、ワシントン到着後の二月十二日、休むひまもなく日本へひき返した。功名にはやる大久保と伊藤は、新しい全権委任状を持ち帰るためにアメリカ大陸を横断し更に太平洋を渡ったのである。大隈使節団をつぶして大規模な使節団を仕立てて出発した大久保にとって、何らかの外交上の成果を得るためには、なりふりかまってておれないといった様子であった。

アメリカに残った木戸が、条約改正の予備交渉に入ると外交の場でのアメリカ側はうって変わって厳しい態度であった。岩倉一行は大久保、伊藤の帰りを待ってワシントンに四ヵ月以上も空しく足留めされた。

一方東京政府は、大久保、伊藤がわざわざ帰国したにもかかわらず、新しい委任状を交付しようとはしなかった。外務卿副島種臣は、「閣議決定していない条約改正を外国において、それも使節団だけで決めてしまうとは内外の恥少なからず」と岩倉使節団の軽率と無見識を厳しく批判した。大久保のねばり強い働きかけによって、帰国後五十日もたってから、五月十四日にようやく委任状が交付されたが、その委任状も条約改正については後の閣議決定の停止条件つきのもので、事実上使用不能のものであった。法律に疎い大久保にはそれが分からなかった。

しかも政府は、外務大輔寺島宗則をイギリス駐在大弁務使に任命して派遣し、岩倉使節団を監視させた。大久保、伊藤の面目は丸つぶれとなり、使節団は信用を失った。

大久保がワシントンに帰ったのは六月十七日であったが、対米交渉は中途で打ち切るほかなかった。監視役としてワシントンに立ち寄った寺島は、六月二十一日付で上司の副島外務卿あてに「使節一行は長々とワシントンに滞在し、たいそう後悔している模様…使節団の威信がはなはだしく低下している…」と手紙に書いている。

対米交渉の失敗は、使節団にさまざまな後遺症を残した。まず旅程が大幅に狂い、十四ヵ国を十ヵ月半で巡遊し明治五年の初秋には帰国する計画が、アメリカだけで六ヵ月半、帰りつくまでには予定の二倍以上にあたる二十ヵ月半を要した。大久保の目算によれば、十ヵ月間ならば、木戸を海外に隔離しておく間に自派の手で内政改革を行い、さらに自分の影響力を増大できるはずだった。しかし対米交渉の失敗によって狙っていた政局の主導権の確保どころか、反対に威信の失墜を招く結果となってしまった。

使節団の内部においては、木戸から叱責された長州出身の伊藤が大久保につき、子分を取られた木戸と大久保の関係が悪化した。二人は口もきかなくなった。

大久保によってひっぱり出された岩倉も三条あての手紙に「もとより自分は人形置物のことと心得…これよりは鉄面皮で使命を…」と心境を伝えている。

一番の打撃を受けたはずの大久保が、一番冷静であり動揺しなかった。討幕から維新への道程で、それ以上の難関を何度となく乗り越えてきた大久保である。また彼には欧米各国の文化、文明を学び、将来の日本を自分の力で支配するだけの知識と教養を身につけようとする秘めた目的があった。

岩倉使節団一行は明治五年七月三日、ボストンから大西洋を渡り二番目の訪問国イギリスに到着した。ところがアメリカ滞在が延びたため、ヴィクトリア女王はじめ主要政治家は避暑に出かけていて会見もできない。

一足先にロンドンに着いた寺島駐英大弁務使は副島外務卿あてに「明後日は大使岩倉公等英着の予定。英政府その遅着を大に怒り女王謁見もないだろう。条約大失策の件、万国の笑いもの…」と知らせた。

そんな中でも、大久保は精力的に各地を見学して歩いた。当時のイギリスは、蒸気機関車、蒸気機関による工場の稼動等々産業革命を成し遂げ、資本主義国として殖産興業の最盛期であった。

フランスでは、一般国民や植民地からの搾取による富の蓄積によって、街並等の社会資本を充実させているのに驚いた。

大久保はパリで一枚の写真を撮った。大久保の若い頃の写真をみると落ち窪んだ目にそげた頬の暗い顔をしているが、その写真には頬髭を蓄えてそげた頬を隠している。

次に訪問したプロシアは、前年ドイツ帝国となっていた。大久保は明治六年三月十五日、ビスマルクと念願の会見をはたした。ビスマルクのことは、先に西郷従道が帰朝したときに話を聞いて以来大きな関心をよせていた。ドイツがイギリス、フランスに比べれば後進国でありながら、軍備を重視してフランスに勝ったことなど、日本がもっとも模範とすべき国であると思っていたのである。

ビスマルクも東洋の若い政治家大久保に、自分と似たところを見出して好意をもち、上からの強い権力で民を治める独裁的な政治体制と、富国強兵は資本主義による工業化によって達成すべきことを教えた。

岩倉使節団は、アメリカをはじめ、イギリス、フランス、ドイツ、ベルギー、オランダ、ロシア、イタリア、東欧、北欧などを歴訪した。岩倉が自ら評して「鉄面皮の旅」と称した長旅を終えて帰国したのは、明治六年九月十三日であった。それより早く、大久保は五月二十六日、木戸は七月二十二日に帰国した。三条が呼び戻したのである。

岩倉使節団は文明開化の進展に寄与するどころか、世間では「大使らは、為し得べき限りを為してきたと言っているが、留守居からみれば漫遊と同じで、条約は結び損ない金は捨て、世間に対し（大使）何といわくら（岩倉）」といわれていた。「悪評少なからず、恥の上塗り」というものもあった。

使節団の大失敗は、一行に留守政府に対する負い目をもたらした。留守政府が何の施策を講じることもなくただ帰りを待っていたのならまだ救いがあったが、現実には予想を越える実績をあげていた。それゆえに使節団一行の立場はなおさら苦しくなった。使節一行が欧米の文明に接して、日本の近代化の急務を痛感したがために、征韓論に反対し内治優先を唱えたとの説があるが、現実の事態はもっと複雑なものであった。

十八　江藤司法卿

明治五年四月二十五日、新平は左院副議長から初代の司法卿に就任した。明治初年以来、司法の独立を唱え続けてきた新平が、ようやくそれを実現し得る地位に就いたのである。

このとき三十九歳、五月三日には正四位に叙せられた。ちょうどそのころ、大久保は条約締結に必要な委任状を受けるためアメリカから帰国中であった。大久保は出発にあたって、留守政府に現状を維持することを誓約させていたが、新平は大久保の帰国中に司法卿になったわけである。大久保は江藤の司法卿就任に反対するより、新しい委任状を受けることが焦眉の急であった。大久保が、江藤という佐賀藩出身で自分の思うようにならない人物に、司法卿の地位を与えたのは、大蔵省などに比べさほど重要な部署であるとは思っていなかったからと思われる。

新平が司法省の組織つくりに苦心しているとき、「マリヤ・ルース号事件」が起こった。ペルー人のペロレー船長が広東付近で二百三十人ほどの苦力をだまし、奴隷にして横浜港に寄港したのは明治五年六月四日のことであった。虐待に耐えかねて脱走した二人が英国軍艦に救いを求めたため、英国公使は日本政府の処分を求めた。外務卿副島種臣は人道上の立場から、神奈川県権令（副知事）大江卓に調査を命じた。大江はマリヤ・ルース号を抑留し中国人苦力を全員解放し本国に送りかえした。

ところが、ペロレーはペルー政府を通じて損害賠償を要求してきた。日本政府は奴隷売買は不法であり虐待は許されないと言ったが、ペルー政府は承知せず、その後ロシア皇帝による仲裁によってようやく落着した。

マリア・ルース号事件は、維新政府が初めて直面した国際問題でありこれによって日本の名を上げたのであるが、事件の審理中にペルー側のイギリス人弁護士が、「人身売買は日本政府が公認していることである。自ら非行をなしている日本政府はクリーンハンドの原則に反しペロレーの行為に対し争う権利はない」と抗議してきた。

新平はこのことをとりあげた。かねてから人権擁護を司法の目的としていた彼はこれを好機として、人身売買の悪習を根絶すべく立ち上がったのである。大江卓も政府に対して新平と同じ建議をした結果、十月二日に人身売買禁止の法令が発布された。

新平は金のために自由を奪われ、男たちに身体を売ることを強制されている女性に対する同情がとくに強かった。彼女たちを解放するためにはいかなる抗議、反抗も許さないと言って強く出たのであった。

新平は、八月三日、二ヵ月間の推敲を経て、全編二十二章よりなる「司法職務定制」を発表した。それは本省各部の職制から、逮部、代言人、裁判所、明法寮、警保寮の職制にいたるまでを網羅したものであった。これにより当時はその存在すら知られていなかった司法省が、どの官庁より整然とした組織を持つに至ったのである。

新平が司法卿として発令した制度には、明治五年八月に定められた代言人（弁護士）の設置がある。それまでの裁判では、民事、刑事ともに裁判官の意のままに決定され、庶民は原告、被告にかかわらず、自分の権利を主張し事情を述べる機会はほとんど与えられていなかった。新平は各種の改革とともに人権擁護の必要性を認め、欧米各国の法律からこの制度を取り入れたのである。

また刑罰についても、磔刑《たくけい》（はりつけ）を廃止し、重科の梟首《きょうしゅ》（さらし首）は斬首に改め、絞首は終身懲役に、笞杖《ちじょう》（むち打ち）と徒流（流刑）は懲役に改めた。

さらに新平は明治六年二月七日復讐禁止の令を発した。いわゆる仇討ちを禁じたのである。それまで主人や親の仇を討つことは美徳とされ、侍が親の仇をうつためにさまざまな苦労をする話は多く伝わっている。しかし親の仇を討つことも殺人罪となるとした。明治六年三月十四日、長崎周辺のキリシタンが四年にわたる流罪から解放されたのも新平が司法卿になってからである。

このように新平が司法卿として発令したものは、日本を法治国家となして、国民の権利を保護しようとしたものであった。

新平は司法卿に任ぜられると同時に、日本の司法制度改革を完璧なものとするため、自ら欧米先進国の制度を視察することを希望した。そして司法卿就任の五日後の四月三十日の日付で、「司法卿　江藤新平を理事官となし、欧州各国へ差遣され候事」という太政官の辞令を受けた。随行員八名には、川路利良、井上毅、後の佐賀戦争で大久保の命令どおり新平に梟首の判決を下した河野敏鎌らがいた。河野は生活に困っているところを新平に拾われ、司法卿で頭角を現した人物で新平には恩義がある筈であった。

新平の海外出張は、ワシントンから一時帰国していた大久保、伊藤が再びアメリカに渡る際に同行する予定であった。大久保は木戸を誘ったのと同じ理由で、新平を日本に残すことに不安を持っていたのである。事実、大久保の留守中に発令された民権主義的な法律は大久保の意に反するものばかりであった。

しかし、三条は手薄になっている政府に不安を持ち、司法卿就任直後であるからとの理由で、新平に渡欧を思いとどまるよう依頼した。さきに選ばれた随行員八名はそのまま渡航することになった。

出発にあたって、鶴田皓と井上毅の二人が新平の家に来て海外視察についての教訓を請うと、「洋行の要は各国の制度文物を視察し、その長を取りて短を捨つるにある。いたずらに各国文明の状態を学んで、ことごとくこれを我が国に輸入するを趣旨とすべきではない。故に全てを学習するの意を去り、これを観察批評するの精神をもつべきである。欧米諸国の制度文物を採用し諸政を改善するの要ありといえども、ことごとくそれに心酔しその欠点を看破しなければ、制度文物もこれを用いるに足らざるなり」と教示した。

十九　山城屋事件

明治四年十一月十二日、岩倉使節団が欧米の旅へ出発したあとの留守内閣のメンバーは次のとおりであった。

太政大臣　三条実美
参議兼陸軍大将　西郷隆盛
外務卿　副島種臣
参議　大隈重信
参議　板垣退助
文部卿　大木喬任

左院議長　　後藤象二郎
大蔵大輔　　井上　馨（大蔵卿　大久保）
陸軍大輔　　山県有朋（陸軍卿　空位）
海軍大輔　　勝　安房（海軍卿　空位）
開拓次官　　黒田清隆
陸軍少輔　　西郷従道
左院副議長　江藤新平（明治五年四月　司法卿に就任）

留守内閣は、三条太政大臣は別格として、木戸派が井上、山県、大久保派が大隈、黒田でそれらの派閥に属さないのが、西郷隆盛、副島、後藤、板垣、江藤であった。しかし木戸は出発前から側近に病身のため引退したいと表明していたので、大久保大蔵卿のもとで大輔を務める井上は長州出身ではあるが、木戸のもとに結束するという気持ちは弱くなっていた。

仲間《ちゅうげん》の身分から引き上げてもらった伊藤でさえ、木戸を離れて大久保に付いてしまったのである。留守中現状を維持することを大久保に発議したのは井上、大隈であった。

大木は大久保の側近として出世街道を登ってきたし、西郷従道は兄隆盛と仲が良くなく大久保に近づいていた。

西郷隆盛は、現状を維持せよということに不満であった。もともと政府の役人になった連中が、士族たちの困窮をよそに豪奢な生活をしているのに憤慨して鹿児島から出てきたのであるが、すでに大久保の下にいる官僚たちの勢力は強大で何の手も打つことはできないでいた。大久保が西郷を鹿児島から連れ出したのは、維新政府の精神的な統一に西郷の全国的な人気を利用するためでしかなかった。

岩倉使節団一行を横浜で見送った留守内閣の送別の宴で、西郷は井上に「三井の番頭さん、一杯」と盃をつきつけた。それほどまでに井上馨と財閥との癒着は目に余るものがあった。

岩倉使節団の監視の役も帯びて、イギリス駐在大弁務使として着任した外務大輔寺島宗則から、副島外務卿のもとに届いた一通の手紙がことの発端であった。

「野村三千三なるもの、当地における豪遊は目に余るものなり。有名なる巴里の旅館に宿泊し、しばしば劇場に遊んで一流の女優と戯れ、また競馬に万金を賭けては破れ、近日は巴里一富豪の金髪美人と婚約を結ぶとの噂あり。彼が巴里に来着してより費消したる金額すでに数十万円に達せるなり」

パリ在任の公使館中弁務使鮫島尚信も同様の手紙を寄せていた。

野村三千三はそのとき山城屋和助と称する陸軍の御用商人であった。彼は長州の出身で高杉晋作の創った奇兵隊の隊長をつとめたことがあり、山県陸軍大輔とは古くからの友人で、そのつてで兵部省にくい込み御用商人となったのである。山城屋は兵器の輸入とともに文明開化に伴う百貨を輸入して、国産の生糸を輸出することを考えた。そして山県にそのための資金を兵部省から出資することを依頼した。山県は山城屋の言うままに五十万円の大金を貸し与えた。

一躍巨額の大資本を持つようになった山城屋は、事業を拡張し軍服、靴、帽子等あらゆる軍需品を兵部省に納め、それだけでも巨万の利益を得るようになった。また、潤沢な資金をもって全国の生糸を買い集め、ヨーロッパの商社と契約を結んで盛んに輸出した。

ところが、ヨーロッパでは普仏戦争の影響から生糸が暴落した。

山城屋はこの失敗を取り返すため、自らが直接商取引をすると横浜を出帆してヨーロッパに向かった。そのあげくのパリでの豪遊であった。金はすべて、兵部省が陸軍、海軍の二省に分かれたうちの陸軍省から出ていたのである。

外務卿副島から、山城屋こと野村三千三が出途不明の大金を蕩尽していることを聞き、山城屋の商況と陸軍省との癒着について調べを進めていた新平は、司法大丞島本仲道に陸軍省の会計の調査を命じた。

山県は山城屋を急ぎ呼び戻して融通した官金の返済を迫った。山城屋はただちに返金することはできないが、ヨーロッパで取引した商品が着けば、必ず返金するからと一時を糊塗するために手形を出した。しかし司法省は、破産に瀕している山城屋がそのような大金を返済することができるはずがないと調べを進めると、その手形は支払い不能であることが分かった。そこで新平は司法卿の職権をもって、陸軍省の会計全部の調査を決定した。

山県からの急使によってそれを知った山城屋は、かねての覚悟によって事件に関する帳簿等一切を焼き捨て、陸軍省の応接室で割腹自殺をとげた。
薩摩派の軍人はそれに飽き足らず、山県をはじめとする長州派を非難攻撃し、山県は辞表を出すという事態に発展した。

当時の山県と陸軍省御用商人との醜関係は、山城屋だけではなかった。山城屋につい で起こった陸軍御用商人の三谷三九郎の破産事件にも、山県は深い関係を持っていたのである。三谷の破産の裏には、山県をはじめ陸軍の士官たちが、砂糖にたかる蟻のようにむらがって食い荒らしたのである。山県らは御用商人三谷に大金を貸し出し、その金を湯水の如く使ったのであった。

明治五年十一月二十八日、司法省から「司法省達第四十六号」が発布された。それは国民皆兵の詔、告諭が出されたのと同じ日であった。
この達こそ新平の人権擁護の精神から発せられた画期的な法律であった。その内容は、「地方官の専横や怠慢によって人民の権利が侵害されたとき、人民は裁判所に出訴して救済を求めることができる」という思い切ったもので、六ヵ条の簡潔にして具体的なものであった。

一、地方官及び戸長等が太政官布告、諸省布達に違背して規則を立て処置をなすとき
一、地方官及び戸長等が人民の願、伺、届等をにぎり潰すとき
一、地方官が人民の移住往来を抑制するなど人民の権利を妨げるとき
一、地方官が太政官布告、諸省布達をその隣県における掲示の日から十日をすぎても布達しないとき
一、地方官が誤解等により太政官布告、諸省布達の趣旨に違背する説明書を頒布するとき
一、地方裁判所や地方官の裁判に不服なとき

「この司法省達第四十六号」は、廃藩置県後新しい支配者となった知事をはじめとする地方官にとって、実ににがにがしい限りであった。彼らは薩長藩閥系の下級武士から成り上がったものが多く、任地においては封建領主きどりで人民に君臨し、あるものは

江戸幕府時代以上に人民の権利を侵していた。

しかし、この達には大きな効果があった。中でも新平が薩長藩閥を向こうにまわし、民権擁護の施政を貫いたのが翌六年の尾去沢銅山事件と京都府事件となってあらわれた。

二十　尾去沢銅山事件

　このような新平の施政方針は、当然薩長藩閥の反発と妨害となってあらわれた。明治五年末、司法権の確立と全国裁判所網の整備をめざして提出した新年度の司法省の予算額九十六万五千七百四十四円に対し、長州出身の大蔵大輔井上馨は、ただ財政難を理由に四十五万円の削減をした。陸軍省には巨額の公金費消事件の直後にもかかわらず、山県が井上と同じ長州の出身のためか殆んど全額の八百万を認めたのである。

　予算問題によって政局が紛糾している間にも、司法省達第四十六号の公布によって力づけられた一般国民の中から、官吏の不正、横暴を訴えるものが続々とでてきた。そのなかでももっとも世間の耳目を騒がせたのが、尾去沢銅山強奪事件と京都府の政令違反事件であった。

尾去沢銅山は秋田県鹿角郡にあり、元南部藩の支配に属していた。旧幕時代に南部藩が外国商社から借金をしたとき、村井茂兵衛という南部藩出身の商人がその保証人となった。そこで、その借金を肩がわりする代償として採掘権を与えられたのである。銅山は村井の資本投入とその手腕によって盛んに採掘が行われ利益をあげていた。

戊辰の役で、奥羽諸藩と同盟を結んだ南部藩は、官軍と戦をまじえた。明治政府はその処罰として石高二十万石を十三万石に減じたうえに、七十万両の献金を命じてきた。南部氏はこの大金を調達するため、またもや村井に依頼して外国商社から借金することとした。村井は藩のために奔走して、ようやく神戸の外国商社から七十万両を借りることに話がついた。しかし、契約にあたって商社から違約の場合二万五千両を払うという条件をつけられた。

ところが藩では、外国商社から借金せず万難を排して藩内で調達すべし、との意見が出てついに契約を破棄することになった。そうなれば二万五千両の違約金を払わなければならない。しかし藩にその金はなく、村井は藩主の「一時立て替えよ」との命令に従うほかなかった。そのとき藩と村井の間に結ばれた契約書には「奉内借」の文字が書かれていた。これは封建時代の遺風で、殿様に金を貸すとは恐れ多いという考えから、「(藩が) 借りる」としたもので、それは南部藩に限ったことではなくいわば常識のことであった。

明治四年、廃藩置県のあと諸藩の政権が中央政府に帰するとともに、藩の財産は債権、債務ともに大蔵省のものとなった。四年秋、大蔵省六等出仕北代正臣は、南部藩の財産の整理にあたって、村井の「奉内借」の証文を盾にとり二万五千両の返済を命じてきた。村井が事情を申し述べても、「借の一字がある。百の弁解も信じることはできぬ」と耳をかすどころか、盛岡の本店はもちろん大阪の支店にいたるまで村井の全財産を差し押さえてしまった。

村井は、今ここで官憲と争っても勝ち目はないと考え、目をつぶって二万五千両を支払い差し押さえの解除を大蔵省本省に願い出た。ところが当局者はこの嘆願を聞かず、さらに村井に対して「尾去沢銅山は、藩債の整理上、汝の得たる採掘権と差引き計算し、五万五千四百円の代償として大蔵省に提出すべし」と筋の通らぬ難題を吹きかけてきた。

村井はもう自分の権利を主張しても、官憲を相手にしてはどうすることもできないと諦め、五万五千余円を五ヵ年年賦で支払うので鉱山業を続けさせてもらいたいという嘆願書を提出した。

当時大蔵省は大輔井上馨が全権を握り、何事も井上の意のままに行っていた時であった。井上は村井の嘆願を全て却下し、その銅山を競売にするでもなく井上と同じ長州出身の岡田平蔵に格安で払い下げた。

予算問題で辞職した井上は、明治六年八月「岡田より買い受けた」と尾去沢銅山へ行き「従四位　井上馨所有」の高札を立てた。

村井茂兵衛は、折から司法省が公布した「司法省達第四十六号」のことを聞いた。そしてこれが最後の救いかもしれないと自ら上京して司法裁判所に提訴した。村井の訴えを聞いた新平は、あまりの不正に驚き「国家人民のため、また官紀の粛正のためにも捨て置くことはできない」、「天網恢恢疎にして洩らさずという言葉もある」と司法大丞兼警保頭、島本仲道に調査を命じた。

島本は自ら陣頭にたって詳細に調べたところ、村井の申したてに間違いのないことが判明した。それは、予算問題で井上が辞職する前のことである。そして井上が尾去沢銅山を我が物としている厚顔無恥で無法な態度に、新平はついに井上の拘引を決意したが、井上が従四位の高官であることから拘引できず、やむなく太政官に提議した。

あわや裁判所に拘引されるばかりになった井上の怒りはすさまじく、「いま一個小隊あれば、司法省を粉砕するものを」と側近に語っていた。

新平の行った司法権の独立に、もっとも強く反抗した地方官は京都府参事槇村正直であった。明治四年の廃藩置県によって京都府知事には公卿長谷信篤が任ぜられたが、実権は井上大蔵大輔の同郷の友人である槇村が握っていた。明治五年十月十二日、太政官より京都に裁判所の開設と事務引き継ぎの通達が届いて以来、槇村は陰に陽に裁判所へのいやがらせを続けていた。

明治六年五月末、京都裁判所に小野善助、小野善右衛門から訴えがあった。

小野家は、三井家と肩を並べるほどの江戸時代からの豪商であった。維新の際、新政府は太政官札の発行を計画し、京阪の富商を集めて紙幣流通の担任を命じた。多くは新政府を疑って応じなかったなかで、小野家だけは金十万両を献納し、富豪の間を説いてまわり太政官札を流通させたという功があった。

小野家は東京に支店をおいて国庫金の取扱いを行ったが、交通、通信の不便な当時のことではあり、京都から本籍を東京に移すことを決意した。

ところが京都府は小野家の転籍願を受理するどころか当主小野善助を召喚した。病気中の善助に代わって善右衛門が出頭すると、罪人同様に白州の荒席に坐らせ、食事も取らせずに長時間にわたって転籍の理由について尋問し、理由も明らかにせず中止を勧告した。

夜もふけてようやく帰宅した善右衛門が家人を集めて善後策を講じると、元会津藩士であった波多野央が「四年四月、全国戸籍法が改正され、平民も士族も内地において自由に転籍することができるはずである。府庁がこれを束縛する理由はない。司法省達第四十六号によって裁判所に出訴すべきである」とすすめたのでこの訴えとなったのである。

京都府参事槇村がこれほどまでに小野家の移籍を阻止しようとしたのには理由があった。当時の地方行政官は旧幕時代の大名になったつもりで、管轄下の富豪から公の租税以外に臨時の上納金を命じていたからである。また、小野組が東京へ進出することは、三井組の不利益となるため「三井の番頭さん」井上大蔵大輔が、同郷の槇村をそそのかしたのであった。

新平の人民権利擁護の精神に心酔した京都裁判所長北畠治房は、原告小野善助の請求を認め、再三にわたって槇村に訴状に対する答弁書の提出を促したが、司法省をなめきっていた槇村はそれを無視し続けたので、裁判所はついに欠席裁判によって次のような判決を下した。それは「被告は原告の送籍願を拒むの理由なし。故に被告は原告訴願の通り速に送籍の手続きを為すべし」というものであった。

それに対し府庁は、「・・・裁判には承服致し難く、依って執行に及ばず候」とあくまでも高圧的であった。

裁判所は「もしその宣告に不服があれば、司法省裁判所に控訴すべし」とその期限を通知したが、それに対しても府庁はただ、「送籍の許否は行政上の権内にある」と答え、司法権を無視した。京都裁判所は遂に法律蹂躙の罪で、京都府知事長谷と参事槙村を東京の司法省裁判所に告発するに至った。

これによって府庁が軽い気持ちで今まで通りに人権を抑圧したに過ぎなかった転籍をめぐる事件が、行政訴訟から刑事訴訟へと発展し、府庁と裁判所との抗争は中央の重大な政治問題となっていった。

二十一　参議就任

政府は明治五年十二月三日をもって陰暦を万国共通の太陽暦に改め、明治六年一月一日とした。

そのころ、参議の一人板垣退助は薬研堀の西郷邸を訪ねた。話は、山城屋事件、三谷三九郎破産事件、陸海軍の軍人および文官の腐敗等に及んだ。板垣は、「顧みれば我らの先輩同志が大志をもちながら斃れたのは、生き残れる我らが必ずやその志を継いで維新の大業を成してくれると信じて瞑目したのである。ゆえに、我らがこの汚官の手に黙し顧みざれば我らは何の面目があってあの世の先輩同志にまみゆることができるであろうか」と言ったが、その言の未だ終わらぬうちに西郷の顔面は真っ赤になり大きな体躯が震えだしたため床まで震動した。西郷は、板垣の言が終わるや否や膝を叩いて「板垣さん、共にやりましょう」と言った。

それまで中央の政治に消極的であった西郷が、板垣の一言にふるいたち、太政官制の大改造に踏み切ったのである。岩倉使節団との間でかわした「現状の維持」の取り決めも、西郷の決意を引きとめることはできなかった。またそれは日本国中でもっとも尊敬されていた西郷隆盛なればこそ成しえた大英断であった。四月十九日、左院議長後藤象二郎、文部卿大木喬任、司法卿江藤新平の三人を新たに参議とし正院の強化を図ったのである。


新平は、思いがけず参議という高位に就くことになった。そのとき彼は三権分立のもとでの司法権の確立と、法による人民の自由と権利の保護を目的とした法治国家の実現を目指していて、その実現は近いと法務省一丸となっている時であったので、むしろ参議に祭り上げられるのは迷惑であった。

当時の政府高官たちは高額の月給を支給されながら賄賂に対して罪の意識がなく、旧大名さながらの生活をしていた。それに対し西郷と江藤は清廉潔白であり生活が質素なことで有名であった。二人とも身を飾るでもなく勤王の志士のころとあまり違わない身なりをしていたし、鬚をたくわえて威厳を取り繕うでもなかった。司法卿としてさまざまな人物の事件に関与してきたが、彼らから身の回りを探られても新平の身辺に疑惑はなかった。また、家にはつねに三十数名の貧乏な書生を置き学費や生活の面倒をみていたので生活は楽ではなかった。

岩倉一行の洋行中、留守内閣で実務に当たってその手腕を発揮し、改革の実績を上げたのは新平であったが、彼は国会開設論の首唱者であった。当時新平は、「大久保が欧米より帰朝したならば土産として必ず国会開設の計画を言い出すであろう。したがって彼らの帰朝前にかの英国のテムズ川畔の国会議事堂に見習ってそのような土地を探しておかなければならない」といっていた。

新平は、大久保や木戸が欧米を視察した結果、政治の近代化、民主化が進むものと期待したのであるが、実際はまったく違った。西欧に渡った一行は目もくらむばかりの豪華絢爛たる宮殿や寺院に目をうばわれ、木戸でさえ政治は専制でなくてはならないと感想を記し、大久保はかねてから手本と考えていたドイツの鉄血宰相ビスマルクから直接話しを聞き信念を固めていた。

大久保が訪れたドイツ帝国は、それまで巡ってきたアメリカ、イギリス、フランスとは根本的に違っていた。立憲主義の衣の下にはビスマルク独裁の鎧がかくされていた。大久保は、アメリカ、イギリス、フランスは日本の参考にならないと考え、ドイツを手本として富国強兵、殖産興業をやることを決意した。しかし大久保が政権を握って最初にしたことは、富国強兵策や殖産興業にとりかかることよりも、自らを独裁者の地位につけることであった。

明治六年の政変によって、西郷以下、板垣、後藤、副島、江藤が辞職すると、その半月後の十一月十日に、大久保は内務省を設立し内務卿となった。そして内務卿は、天皇への直接責任を負うことで他省はもとより左右大臣より一段高く位置づけられ、事実上の首相となり天皇の代理として政治を行うこととなったのである。これは、実にドイツにおけるビスマルクの独裁体制をそのまま模倣したものであった。

帰朝後の大久保にとって、革命後に作られたフランス民法を手本として民権主義を唱える江藤新平は最大の政敵であった。大久保は、江藤を倒さぬ限りビスマルク流の独裁政治はできないと思った。

二十二　日韓問題と西郷遣韓

さきに明治四年七月十四日天皇の名において廃藩置県の詔書が発布され、同年十一月十二日岩倉使節団が欧米へ出発したあと六年九月に岩倉大使が帰国するまでの二年間は、内外の政務は停滞するどころか目ざましい進展を遂げた時期であった。

明治五年一月　全国戸籍調査
　二月　東京、長崎間の電信工事完成
　三月　神社仏閣の女人禁制廃止
　四月　僧侶の肉食、妻帯、蓄髪の許可
　九月　新橋、横浜間鉄道開通
　十月　人身売買の禁止

十一月　国立銀行条例制定
明治六年一月　太陽暦を採用
二月　仇討ちの禁止
切支丹禁制高札の撤去
三月　民間の飛脚営業を禁止し全国均一の郵便制度制定

等々留守政府の改革はめざましく、その中心となったのは民権的な思想の持ち主の新平であった。

大久保が帰朝したのは明治六年五月二十六日である。三条太政大臣が国内多事を理由に、大久保、木戸の中途帰朝を求めて勅令を発したのは一月十九日であったが、それが使節団の手に届いたのは三月十九日ベルリン滞在中のことであった。三条は二人が揃って帰国することを望んだにもかかわらず、木戸は大久保との同行をかたく拒んだ。巡遊中に二人の関係は悪化し、互いに口もきかぬほどになっていたのである。大久保はひとり三月二十八日に一行と別れて帰途についた。

三条が帰還命令を出してからすでに四ヵ月たっており、政情の混乱は一応治まっていた。帰国二ヵ月後の八月三日、大久保は左院少議官宮島誠一郎に「ヨーロッパの派遣先に、御用これあるにつき早々の帰朝を、との三条公からの呼び戻しがあったので、二、三ヵ月を残し岩倉大使よりも先に帰国したのであるが、御用も相済みたる由にて、当面休息中である」と知らせている。

大久保は条約改正を狙って、アメリカからとんぼ返りで委任状の再交付を得たが、結局すべてが徒労に終わったという負い目があった。世論も「条約は結び損ない金は捨て…」と厳しかった。大久保は逃げるようにして、関西の有馬温泉で数ヵ月を過ごしている。

木戸孝允が帰国したのは、大久保に二ヵ月遅れ、七月二十三日であった。木戸は岩倉とロシアを訪問したあと、デンマークで一行と分れ二ヵ月近くヨーロッパ各地を巡遊して、ウィーン万国博覧会を見物した。

日本で木戸を待っていたのは、長州出身の子分前大蔵大輔井上馨の尾去沢銅山強奪事件と、同じく長州出身の京都府参事槇村正直の職権乱用事件であった。井上と槇村の二人は帰朝早々の木戸にすがった。旅行中に、木戸が最下級の仲間《ちゅうげん》の身分から引き上げてやった伊藤が、大久保派についてしまい寂しい思いをしていたところに、佐賀藩を脱藩したころから目をかけていた江藤新平が、こともあろうに長州出身の子分たちを糾弾するとはと、木戸は激しく江藤を憎んだ。また、木戸は井上を通じて三井から、さらに槙村を通じて小野組から政治資金を得ていたという事情もあった。更にそのうえ、新平は子分の一人山県有朋を汚職の疑いありとして辞職寸前にまで追い込んでいる。

三条は、大久保、木戸の中途帰還の勅令を伝える直前に、政府が直面している諸問題を岩倉大使あて書簡によって知らせた。その中の外交問題については一つが台湾問題であり、もう一つが朝鮮問題であった。

台湾問題とは、明治四年十一月、遭難した琉球八重山の漁民が台湾に漂着し、そのうちの五十四人が台湾原住民に殺害された事件である。外務卿副島種臣は六年三月十三日、特命全権大使となって清国に渡り清国政府に台湾原住民を処罰すべきであると交渉した。

清国首脳は、マリア・ルース事件で清国人を救った日本政府に対して好意的であった。特命全権大使としての副島の清国に対する交渉は、国権を高め大成功と評判になり七月二十七日意気揚々と帰国した。留守内閣は内政の改革を成し遂げたばかりでなく、外交面でも成功を収めたわけで、何の成果もなく帰国した岩倉使節団はますます肩身の狭い立場に立たされたのである。大久保が関西の有馬温泉へ行って、数ヵ月も東京を留守にしたのにはそういう事情があった。

三条が岩倉に知らせた外交上のもう一つの問題、朝鮮との国交正常化の問題は、明治政府発足以来重要な外交課題であった。

日本と朝鮮の関係は、朝鮮侵略をした秀吉の政権を倒した徳川家に対して李朝が好意をもっていたという関係によって保たれてきた。したがって、その徳川家を倒した明治政府には最初から好感をもっていなかった。

江戸時代、李王朝は将軍が替わる度に新将軍の「襲職ノ賀」として十数回にわたり来日した。その一行は国王の親書を奉じた正使、副使以下約四百五十名におよぶ大人数で「通信使」と称した。幕府は各大名に命じて厚くもてなしたが、それは将軍の権威を示すものであって、決して対等の外交といえるものではなかった。

一方、李王朝は日本の使節が京城へ来ることを恐れた。かつて足利時代に日本からの使節が往来した道を、秀吉の軍勢が北上したのに懲りたのである。そのかわりとして釜山の広大な敷地に倭館を建て、日本の使者とはここで応対した。それを日本側は、自分たちは京城へ行かずとも済むし相手側は江戸までくる、と思うようになり朝鮮国王対徳川将軍の関係において、すでに対等ではないという意識が日本の武士階級を支配していた。

明治新政府は維新の初め、王政復古を各国公使に告知するとともに、朝鮮に対しても慶応四年三月二十三日、宗対馬守を外国事務補に任じて王政復古を告げるよう命じた。ところがその書中にかつてなかった皇祖、皇上、皇室の文字があり押印も違うとして韓廷は受理することを拒んだ。宗藩の役人はそののち数十回にわたって文書を送ったが解決には至らなかった。

明治四年十一月、明治新政府の使節森山茂は宗氏の家臣相良正樹をつれて釜山に向かった。三ヵ月の交渉後ようやく「貴国の要求に関しこのたび特使をもって京城に伝達したり。往復日数は約三十日を要す」との通知があった。一行は期日の来るのをただひたすら待ったが、期日が来ても何の連絡もなく、翌五年五月末になって「期日は予知できない」といってきた。相良は倭館の府使に会見を求めたが「公書受否の回答は国議を経た後で、国議の決定には少なくとも六、七年或いは十年はかかる」と放言したのであった。

長期間にわたり粘り強く交渉してきた森山、相良らは文書の交付を諦めて帰国した。ここにきて板垣退助は強硬政策を言い出した。その結果、いつの間にか征韓論が全国の志士たちの間に広がっていった。それは侍という特権と禄を失い生活苦がじわじわと迫ってきていた彼らの、唯一の光明となっていったのである。

明治六年八月三日太政大臣三条実美は、外務少輔上野の要求を入れ閣議を開いた。その時、閣議に出席したのは三条をはじめ、西郷、板垣、後藤、大隈、大木、及び新平であった。板垣はまっ先に発言し、「速やかに一箇大隊の兵を釜山に送り、その後修好条約の談判に及ぶべきである」と述べた。

しかし板垣のこの発言に西郷は反対した。軍の派遣は朝鮮官民の猜疑心を招き日本側の本意と反する結果となるだろう、まず使節を派遣して公理公道をもって談判すべきであると言い、これまで朝鮮に派遣されたのは大丞以下の外務省官吏だから交渉が進まなかったのである、今度は全権を委任された大官を派遣すべきであると論じた。

それに対して三条は、使節を派遣するならば護衛兵を率い軍艦に搭乗して赴くべきだと発言した。ところが、これに対しても西郷は反論した。彼は、礼を厚くして修交にあたろうと主張したのである。

三条は、国家の重鎮西郷が丸腰で使節として朝鮮へ行くことに躊躇したので、結論は保留された。使節の人選を考えるとき、誰もがまず考え付くのは外務卿副島であった。彼は最初の閣議には清国へ出張中のため欠席したが、七月二十七日清国との交渉に成功して帰国しており、次回の閣議には出席すると連絡してきた。参議のなかで大隈、大木、江藤は副島と同じ佐賀出身であり西郷としては強力な競争相手が現れたと思った。

清国から帰ってきた副島は、当然最初は西郷の派遣に反対し、自ら全権大使となることを主張した。しかし西郷は病を冒して副島を訪問して懇願したので、副島もこころよく了承し西郷に委任した。副島の同意を得た西郷にとって、対朝鮮強硬論の板垣を説得することが何よりも必要になってきた。

このころ西郷は高血圧症等で体調がよくなかった。そのとき西郷は四十七歳、人生五十年の時代で、このたびの朝鮮使節が最後のご奉公と心に決していたので、板垣の理解と応援を頼むため相次いで手紙を書いた。この板垣あての手紙の中に「朝鮮に余を使節として送れば、朝鮮の彼らは余を暴殺するやもしれぬ。そうなれば開戦の名目ができるので、余を使節に任じるよう頼む」という趣旨のくだりがあるが、それが後年西郷征韓論者の根拠となってしまったようである。しかし、征韓論者の板垣の賛成を得るためにあえてこのように書いてしまったのであった。

西郷には、朝鮮へ使節として赴き最後の仕事として立派に成し遂げる自信があった。そして、暴殺などあり得ないという根拠があったのである。西郷は、先に北村中佐と別府少佐を朝鮮に送り、二人は韓人に変装して京城まで行き朝鮮の日本に対する戦意や戦備をくわしく探ってきた。西郷は二人の報告を検討した結果、暴殺などあり得ないと確信していたのである。

八月十六日の夜、西郷は三条の私邸を訪ね大使問題に対する決心を促した。三条は、一旦は岩倉大使の帰朝を待って決定すると答えたが、西郷の決意の固いことを知り、閣議を開いて決定すると約束した。

翌八月十七日、いよいよ閣議が開かれた。三条は西郷の遣韓大使に賛成しながらも、岩倉大使の帰朝を待つように発言したが、西郷は熱心に主張し、この日の閣議においては一人も異議を唱える者なく全員一致をもって西郷を遣韓大使に任ずることに決定した。しかし、発表は岩倉大使の帰朝を待って行うことにした。

二十三　明治六年政変

岩倉大使が、みずから「鉄面皮の旅」と称した長旅を終えて帰国したのは、明治六年九月十三日であった。大久保は五月二十六日にすでに帰国していたが政界に復帰する気力も失って温泉旅行に出かけていた。また、七月二十三日に帰国した木戸は、同郷出身の山県、井上、槙村の引き起こした事件のあと始末やもみ消しに忙しく、政界には関心を示さず閣議にも病気と称して欠席した。岩倉は、十五日に三条を訪問し、帰朝報告をした。

岩倉とともに帰国した伊藤博文は、翌日の十四日さっそく同郷の親分木戸を訪問した。外遊中薩摩の大久保に近づいたので、伊藤と木戸の関係はぎくしゃくしていたが、大久保が先に帰りその間五ヵ月ほどの冷却期間があったからであろうか、わだかまりは解けていた。そこで木戸が何よりも伊藤に話したかったのは、征韓反対でもなければ、内治優先論でもなく、長州派の子分槙村正直の裁判のことであった。

新平が創った裁判所が、人民にとって人権のとりでであることに微塵の理解もなかった。したがって、不正を容赦しない裁判所をつくった江藤に対する木戸の憎悪は激しかった。

伊藤は、ここにそれまでばらばらだった岩倉使節団を団結させることが出来るのではないかと考えた。

様々な改革をなしとげ成果をあげている留守政府に対し、条約改正を標榜しながら、手ぶらで帰国した岩倉使節団は、帰国の日も違ったが心情的にもばらばらであった。大久保と木戸は口もきかない仲であったし、岩倉と木戸も互いに信用していなかった。岩倉は大久保に無理やり連れ出され恥をかかされたという気持ちが強かった。

欧州旅行中伊藤は、大久保が帰国後ビスマルク流の政治を行おうと考えていることについて、江藤の民権的な考え方が最大の障害であることに気づいていた。ところが江藤と古くから親密であった木戸が、今は江藤を憎んでいる。伊藤は、ここに木戸と大久保の和解への接点をみいだした。岩倉と大久保は離れられない古くからの間柄である。今こそ岩倉を中心に、大久保と木戸の和解によって陣営を固め、留守政府に対抗することができると考えた。

西郷隆盛は、八月十七日に朝鮮派遣使節に内定したとき、三条から岩倉大使帰国後に正式に決定発表するから、外務卿と相談して準備しておくよう指示されていた。西郷は朝鮮に連れて行く予定の別府晋介に九月二十日までには出帆のつもりであると伝えていた。

ところが岩倉の帰国後、三条、岩倉ともにこの問題に取りかからず、閣議も開かず西郷が予定していた二十日をすぎても何の進展もなかた。西郷はたまりかねて三条を訪問し厳しく抗議した。

閣議決定からすでに一ヵ月が経っている。天皇の裁可を得た議事を一ヵ月も放置するなど通常考えられないことである。三条は、西郷が使節として内定した旨を記した西郷あての書簡のうつしを岩倉におくった。

この西郷派遣問題に苦慮した三条、岩倉は十月八日大久保を岩倉邸に呼んだ。二人は大久保に参議就任を懇願した。大久保はついに参議就任を承諾した。

大久保は参議就任にあたって、三条、岩倉に二つの条件を要求した。その一つは、三条と岩倉が朝鮮使節についての方針を定め、それを中途で変更しないという約定書を大久保に渡すということであった。約定書を貰った大久保は、三条、岩倉に「命に従い砕身仕候」と言った。

大久保が就任の条件としたその二は、副島の参議就任と伊藤に閣議に出席できる権利を与えることであった。大久保が副島の参議任命を条件にしたのは、閣議において西郷に対する反対派の数を増やすためであった。竹馬の友で家族でお世話になった西郷に対してでも、相手を追い落とすためには手段を選ばない大久保の、権謀術数に長けた狡猾な一面がここにも出ている。

閣議は大久保の参議発令にあわせて十月十二日に予定された。ところが三条は前日十一日になって閣議開催を十四日に延期する旨西郷に伝えてきた。副島の任命が遅れたためであった。前日になって西郷は、翌日の閣議開催の念を押すため三条邸へ行った。ところが三条邸には板垣、副島が岩倉に呼ばれ、西郷の閣議欠席の説得を依頼されている最中であった。二人は実にばつの悪い思いがした。このことがかえって会議の席で、板垣、副島を西郷側に立たせるという皮肉な結果となった。この日西郷は、明日は必ず閣議を開き遣使問題を解決することだけを要求して帰った。

岩倉はそれでもあきらめず、西郷を出席させず閣議を行うことを計画し、翌朝早く手紙を西郷のもとに届けさせた。西郷はその手紙を見るとすぐ岩倉邸に駆けつけた。岩倉が「本日の閣議は遣使問題であり、貴殿の身上に関することであるので、本日貴殿が登閣を見合わせられんことを望む」と言うと、西郷は顔色を変え「遣使問題は、国家の重要問題であり、小生の一身に関する私事に非ず。これより閣下とともに登閣して、意見を陳べまする」と、かえって登閣をうながしたので、岩倉も拒むことができずその計画は失敗に終わった。

岩倉、大久保は、なぜこれほどまでに西郷の使節派遣を妨害せねばならないのか。それは岩倉、大久保が条約改正を目的とする欧米使節として、まったくの失敗をして帰国したからであった。二十ヵ月以上の大旅行、それも五十人以上のお供、下働きをふくめると総勢百人を超す人数で莫大な国費を費消したあげく、何の成果もなく帰国してみれば、留守政府は着々と改革を成し遂げている。そのうえ、その留守政府の最高責任者である西郷が、朝鮮語に堪能な陸軍少佐別府晋介ただ一人を供につれただけで渡韓し、明治政府が維新以来の懸案としてきた朝鮮との修好に成功すれば、自分たちの立場がなくなる。それを恐れたのである。

十月十四日、いよいよ閣議が開かれ朝鮮使節派遣問題が審議されることとなった。出席者は、太政大臣三条実美、右大臣岩倉具視、参議の西郷隆盛、板垣退助、大隈重信、後藤象二郎、大木喬任、江藤新平、大久保利通、副島種臣の十名で、参議木戸孝允は病気を理由に欠席した。

西郷は、朝鮮交渉は緊要事であり、閣議で決定し天皇の裁可も済んでいるので直ちに実施に移すよう求めた。これに対して大久保は、使節が殺されて開戦となれば財政上、外交上の困難を生じるので使節派遣を延期すべきだと言った。しかし、西郷は交渉しに行くのであって戦争しに行くのではない、相手の誠意を信頼して公明正大に談判するのだと堂々と主張した。朝鮮国政府の誠意を信頼して徹底的に話し合い、先方の「暴挙」などを予想して戦争準備など非礼なことをしてはならないという平和的、道義的立場の表明であり、後世、大久保等によって西郷は征韓論者であったと喧伝され百年以上定説とされたのは間違いで、大久保の保身のための動きの結果であった。この閣議における大久保の主張は道義的に劣り説得力に欠けていた。さらに、西郷が身を挺して国家の重要課題に取り組む決意をしているのに対して、大久保の意見は消極的な延期論をのべたもので、問題解決の対策には何の意味ももたらさなかった。

一方岩倉は、樺太で発生した日本人とロシア人とのトラブルと、新橋駅で起きた日本人とイギリス人とのトラブルを持ち出し、その解決を急がなければならないので朝鮮使節を延期してはどうかと発言した。これに対し新平は、樺太の件と新橋ステーションの件は民間人同士の問題であり、国家間の問題である朝鮮使節の件とは明らかに次元の違う問題であるので、両者を同次元で論じることこそがおかしいと明快に岩倉の論を一蹴した。

閣議の席で、板垣、副島は西郷と江藤の意見に賛成した。大隈、大木は終始無言であった。大久保と岩倉の意見は、西郷を使節として朝鮮へ行かせ隣国との修好を成功させたくないというものであるので、どうしても論理に無理があり筋が通らないものであった。

大久保はそのことは自分でも分かっていた。しかし岩倉の意向をふみ発言せざるを得なかったもので、その点では岩倉を恨んだ。また、そのところを容赦なくついてくる新平に対する大久保の怒りは凄まじく岩倉に対するものの比ではなかった。

この日の閣議は結論が出ず、決定は翌日に持ち越された。


翌十月十五日、西郷はもう言うべきことは前日の閣議ですべて述べ尽くしたとして出席しなかった。その代わりに、それまでの発言をまとめた「始末書」を太政大臣に提出した。

閣議の二日目において、使節の延期になおもこだわったのは大久保だけで、他の参議は全員西郷の使節派遣に賛成したので、三条、岩倉は八月十七日の閣議決定どおりに西郷の朝鮮派遣を決定し、この問題は決着した。

二日間の閣議を通して、大久保の心中は煮えくりかえっていた。三条、岩倉に懇願されやむなく参議を引き受け、二人に頼まれるままに西郷派遣の延期を発言したのを江藤には論破され、そして閣議では孤立した。揚句には三条、岩倉は西郷の朝鮮派遣を決定した。そのうえ竹馬の友西郷も失った。参議を受けるときに約束した、決めた方針は中途で変更しないという約束も三条、岩倉の二人に破られた。二階に上げられて梯子をはずされ、裏切られたと思った大久保は即座に辞職を決意した。

大久保は、十六日は休日だったので十七日早朝三条を訪問し、参議辞任を申し出て三条の約束違反、不誠実さを詰問した。三条は狼狽し取り乱した。

大久保は岩倉にも同じ思いをぶっつけた。岩倉は幕末以来の同志と思っていた大久保の怒りに事態を甘くみていたと愕然とした。そこで岩倉もまた大久保の後を追って三条に辞意を表明した。続いて、大久保と伊藤から働きかけがあり大久保に近づいていた大隈、大木も辞表を提出した。三条は相棒のはずの岩倉が態度を急変し、責任を自分に押し付けて逃げ出す気配をみせたので呆然自失した。

この日は、天皇に閣議の経過を奏上し遣使問題に関する勅裁を仰ぐ日であった。ところが出席したのは三条、西郷、板垣、後藤、副島、江藤の六人だけであった。西郷は三条に閣議の結果を奏上し勅裁を得ることを迫った。三条は大久保の詰問や岩倉の辞意表明、さらには大隈、大木の辞表に接して決断することができず、なおまた岩倉の出席を待って決めると言った。西郷は、「連日の閣議において決定せしこと、なんぞ岩倉を待つ必要がある」と言ったが、三条はなお一日の猶予を請うた。ここで、後藤象二郎が「わずか一日の延引のみ」と言って三条を救った。しかし、このわずか一日が政情を一変させ、ついには後年、西郷を滅亡へと導く岐路となった。

その夜、三条は岩倉を訪ねてこれまで通り協力してくれるよう哀願した。しかし、岩倉の態度は冷たかった。三条は重い足どりで深夜に帰宅すると自分の脚で立つことができぬほど憔悴し、家人にかつがれようやく寝所に入った。そして高熱を発しついに人事不省に陥った。

ここに、太政大臣が執務不能となったので、政局は完全に麻痺してしまった。

そこにしゃしゃり出て来たのが伊藤博文であった。彼は後に明治天皇からたしなめられる程、女癖が悪かったが、また大久保なみに狡猾で策士でもあった。その伊藤が大久保にある「秘策」を提案した。それは、倒れた三条の代わりに岩倉を太政大臣代理にして天皇に閣議決定の上奏をする際に岩倉の意見を付け、天皇の意思決定を閣議決定不裁可に誘導しようとするものであった。天皇が西郷遣韓を裁可しなければ、閣議で延期論を唱えた大久保の面子は保たれる、大久保は辞職しなくていい筈だというものである。

大久保は伊藤の提案に乗ろうとするそぶりを見せなかった。しかし、大久保は表面では伊藤の「秘策」を断りつつも、陰では腹心の黒田清隆にその「秘策」の実行を命じた。ここにも大久保の大久保たる一面が出ている。黒田は同じ薩摩出身の宮内少輔吉井友実を通じて宮廷工作を行った。その結果、天皇は二十日に三条邸への見舞いの帰途にわざわざ岩倉邸に臨幸して、岩倉を太政大臣代理に任命した。

このようなことをわざわざしなくても、太政官職制には、「左右大臣は、太政大臣に事故あるときはその事務を代理するを得」と規定されていたので、当然に岩倉は太政大臣の職務を代理する立場にあった。それにもかかわらずこのような仰々しいことを敢えてしたのは、大久保が「秘策」を正当化したいためであった。

二十二日、それとも知らず西郷、板垣、江藤、副島の四参議は岩倉邸を訪問し、十五日の閣議決定を天皇に上奏するよう催促した。

ところが岩倉は、「三条と自分は別人だから自分の考えで行う。閣議決定内容に加えて自分の意見も併せて奏上するつもりだ」と答えた。閣議でとりまとめた結論に対して、それに拘束されないと言い放ったのである。これは違法、無責任どころかおよそ常識では考えられない暴言であった。閣議決定事項に服したくなければ、岩倉は辞職しなければならない筈である。新平は岩倉のあまりの無法ぶりに驚いて、代理者は原任者の意思に忠実に行動しなければならないと法理論を説明したが、岩倉は全く受け付けなかった。

違法だとは分かっていてもそれを行うつもりだとの岩倉の発言に接して、西郷は即座に抗議辞職を決意した。そして翌二十三日辞表を提出すると東京郊外に身を隠した。この時点では使節派遣についての天皇の裁定はまだ出ていなかったので、西郷が征韓論に敗れて下野したとの俗説（後日、大久保が意識的に流布した説）は史実に反するのである。

二十三日、岩倉は朝鮮使節の件を上奏するにあたり、「いま使節を送り万一のことがあったらそれこそ大変であります。それが内外の他のことにも及び、その対策もとれていない今使節を送ることは問題であると私は信じます」と付け加えて、天皇の不裁可をうながした。天皇は若年であり岩倉の具申どおり、翌二十四日に朝鮮使節派遣を「不可」と裁定した。

西郷使節派遣の案件については、八月閣議と十月閣議の二度にわたる正当な手続きを踏んで議決された案件であるので、天皇がそれを裁可しなかったということは当然に正院の不信任ということになる。したがって天皇の信任を失った三条太政大臣以下の正院メンバーは総辞職しなければならない筈である。

したがって、板垣退助、後藤象二郎、江藤新平、副島種臣の四参議は、天皇の不裁可が判明した二十四日辞表を提出して潔く政府を去った。

新平の司法卿辞職は、長州汚職閥に最大の利をもたらした。山城屋和助事件、三谷三九郎事件で司法省の追及を受けた山県有朋は、西郷追放に一役買った黒田清隆とともに、七年八月にそれぞれ参議陸軍卿、参議開拓使長官となっている。

それよりもっと恥知らずなのは、前大蔵大輔井上馨であった。彼は政変一週間後に、参議兼工部卿に昇進した同郷の伊藤博文に手紙を送った。井上は尾去沢銅山を強奪したうえ、臆面もなく伊藤に利権を要求してきたのである。一つは鉱山税の免除の要求、二つ目はどこか他の鉱山を自分に払い下げて欲しい、第三は、高山地方にある鉱山を工部省の管轄とし、あらためて自分の会社に経営させて欲しいというものであった。

これらの現実こそが、大久保のいう「内治優先」の美名にかくれた「明治六年政変」の正体であった。

大久保が内務卿に就任したのは明治六年十一月二十九日で、内務卿だけが天皇への直接責任を負う、すなわち天皇の代理で政治を行うと宣言した。それは太政大臣、左右大臣を超える権力である。この宣言こそドイツで大久保がビスマルクに教えられたものであった。

さすがに三条、岩倉は、今さらながら大久保の専横に驚き、二人は西郷ら前参議を全員復職させることを考えた。

十二月二十八日、三条、岩倉は大久保を呼び出し、西郷以下五参議の復職を持ち出した。大久保はきっぱりと反対し、それに対して三条、岩倉は反発さえできなかった。大久保の独裁的地位はここに確立されたのである。

一方、辞職した四参議は、越前堀にある副島邸に毎日のように集まって善後策を講じていた。四人の意見の行きついたところは、「このたびのようなことが起きるのは政体の組織に問題があるからだ。ひとたび閣議で決定したことをさらに閣議に付すことなど、一事不再理の原則に反する。そして無理やりに変更することなどあってはならない。また、双方の意見を上奏して天皇の裁可にまかせるなどということをしばしば行えば、天皇は人民の怨みの的になりかねない。この際、政体変革の案をたて国民に訴え、政府を動かす必要がある」との結論であった。

その政体をどのようなものにするかについて考えているところへ、小室信夫と古沢滋がイギリスの留学から帰ってきた。二人がイギリスの政体を詳しく説明したところ、それこそがわが国にも最も必要な制度であると全員の意見が一致した。そこへ東京府知事をしていた由利公正、前大蔵大丞岡本健三郎が加わり、八人の連名で民選議院設立の建白を行い、さらに板垣は愛国公党を結成した。

この建白及び愛国公党の設立は、思想的、政治的に四つの点で画期的なものであった。第一に、ここにおいて初めて日本人民の参政権の考えが出てきた。第二に、これまでは各藩あるいは各府県の代表の役人による政府であったが、ここにおいて初めて人民から選ばれた人民代表による政府という考えが出た。第三に、愛国公党において、初めて近代的な「党」という概念がうちたてられた。第四に、愛国公党において、初めて政治上の立場、主張を公然と掲げ、その志を同じくする者が堂々と党派をたてて広く国民に訴えることが始まった。愛国公党があえて公党と名のったのは、私党と自ら区別したからである。それまでは政治的結社は公然と認められず常に徒党として弾圧されてきたのである。

二十四　佐賀戦争

維新により禄を失った旧士族たちは、新政府の役人になれたごく少数の者はよかったが、それ以外の者はたちまち生活に困った。それらの士族たちは征韓によって生活の道を得ようと望みをかけた。それは全国的な風潮で、特に征韓論が盛んであったのは、薩摩、土佐、水戸、会津、仙台、米沢、加賀、因幡、越前、日向、飫肥、長州等で、他の弱小県においても同じであった。

特に佐賀では戊辰戦争に遅れをとったと悔しい思いをしている者が多く、彼らは「この次の征韓では先陣をとる」と張り切っていた。そして早くからそのための武器弾薬を貯え、こんどこそ佐賀の名を上げると息巻いていた。

佐賀県では、鍋島閑叟という偉大な旧藩主が死去したのち、そのあとを継いだ鍋島直大は当時海外留学をしていて、旧士族が一つにまとまっているわけではなかった。武士階級の復権を狙う保守派は門閥出身の上級武士が多く、新平の民主的な政策を嫌った。新平が新政府に建言した兵制は国民兵即ち志願兵によるものであったから、必ずしも士族を対象としていなかったので保守派には気に入らぬことが多かった。

彼ら保守派は党名を憂国党とし島義勇を党首とした。島は北海道開拓に功労があり、明治のはじめには新平とともに東京市政に尽力しその後天皇の侍従を務めた。硬骨漢で年とともに保守的になり、秋田県知事に任命されると衣冠束帯の姿で赴任して人々を驚かせた。

一方、新平を尊敬する人々は若い知識階級で新平の進歩的で民権的な政策の信奉者であった。新平、副島が六年の政変で辞職すると、政府役人のなかに辞職する者が次々と出てきた。中島鼎蔵は左院、朝倉弾蔵は陸軍少佐を辞任して佐賀に帰り征韓党を結成した。

彼らは江藤新平を党首にすることを決議し、中島、朝倉らが上京し新平と副島の帰県を要請した。

島の場合も新平も自分の意志で党首になったわけではなかった。

そのころ佐賀では、中島らが上京したあとも征韓党の人数は増える一方で、高木太郎ら数十人が弘道館を占拠してしまった。帰県した中島、朝倉らはこれを知って驚き、みだりに官物を占拠するなどなすべきことではないと諭したので、高木らはそれに従って弘道館を退去した。弘道館を立ち退いた征韓党は事務所を与賀馬場の延命院に設けたが、その間にも党員は増えつづけ五百余名に達した。

新平は佐賀県士族が征韓にはやることを心配した。新平は朝鮮を討つことを決定するならば、ロシアと戦う覚悟がいるという考えをもっていた。それゆえに、西郷が和平の使節となって派遣されることを強力に後押ししたのである。新平は佐賀に帰って自分の考えを県民に是非伝えなければならないと決心した。

六年十二月二十八日、新平は病気保養を理由に、御用滞在を免じ帰県を許されたいとの請願書を政府に提出したが許されず、七年一月九日重ねて療養と墓参のためといって帰県願を提出した。

ところが二度目の帰県願を出した翌日の一月十日、政変以来交友が途絶え、大久保派となっていた同郷の大木喬任から突然呼び出しがあった。そのとき大木は新平の後任の司法卿となっていた。

大木は「佐賀の征韓論者が貴殿を首領とし、大いに士気を鼓舞せんと人を派遣し貴殿の帰県を促したのは知っている。されど余は貴殿の帰県は佐賀青年有志の征韓熱を昂奮せしむるもので不可と思う。然るに郷里の青年らは飽くまでも貴殿の帰県を請うて、江藤を動かし得ざるのは自己の使命を果たさざるものなりと言って切腹する者が出た」と語った。

日ごろ青年を愛する新平がこのような話を聞けば、自己の安全のみを考え動かないでいることなどできるわけがない。ところがあとで分かったことであるが、この切腹事件はなかったのである。少年時代からの親友大木の情報により、佐賀に行かざるを得ないと新平に決意させた切腹事件を持ち出したのは、狡猾な大久保の偽情報によるものであった。

新平は、板垣、副島、後藤らと執筆中の「民選議院設立建白書」を脱稿してから、副島と二人揃って帰県する予定であった。副島も一日遅れて十日に帰県願を提出した。ところが新平は大木と会った二日後、副島に突然明日帰県すると語った。副島邸で行われた愛国公党署名式の当日、七年一月十二日の夜のことである。板垣退助は新平の突然の決意を聞き驚いて副島ともども引き止めたが、新平の決心は固く「必ず鎮撫し、民権論を以ってする決意である」と強く誓った。

翌朝、新平の帰県を板垣から聞いた後藤象二郎が江藤邸に駆けつけると、新平は従僕の船田次郎ただ一人を供にして出発するところであった。後藤は玄関先で板垣と同じように佐賀に帰ることの危険を警告したが、新平が「必ず誓って鎮撫する」というので、新平の馬車に同乗して新橋駅へ行き、さらに汽車に乗って横浜まで見送った。

副島が提出した帰郷願は新平が出発した翌日に不許可となった。副島は再び外国人医師の診断書までつけて病気療養を理由に帰郷願を出したがこれも不許可となった。ところが新平の帰郷願は十九日付で許可となっている。それにしても、何ゆえ新平だけを許可し副島を止めたのか。佐賀の征韓騒動を鎮撫させるには、憂国党、征韓党のどちらにも副島の方が適任のはずである。憂国党の党首格である副島義高は種臣の従兄弟であった。ここにも大久保の影が見え隠れするのである。

従僕の船田次郎をつれて横浜へ行った新平を山中一郎、香月経五郎の二人が待っていた。彼らは、新平が佐賀で家塾を開いていたころからの弟子であり双璧の秀才であった。山中は前年の九月に、香月は半月まえに欧州から帰朝し文部省に就職したばかりであったが、新平が佐賀へ向かうと聞いて同行しようとしたのである。香月は征韓論も、六年政変も知らず船中で初めて知った。

山中は同船していた林有造に同行して鹿児島に向かった。林は土佐人で、副島が六年政変で辞職すると共に外務省を辞め、その後は副島邸に寄宿していた。林は副島の意向により、西郷に「民選議院設立建白書」についての同意を求めるため派遣されたのである。新平は、西郷の最近の朝鮮などに対する心境を伺うために山中を送り出したのである。

鹿児島に引き込んだ西郷は、すっかり政治の世界に嫌気がさしていて、はじめは二人に会おうともしなかった。林に対しては、副島の運動を激励こそしたが参加は断った。また山中が西郷に「もし佐賀が征韓に立ち上がった場合、鹿児島は応援してくれますか」と質問したが、これは征韓党を鎮撫するという目的を持っている新平の考えではなく山中自身の考えによる質問であった。それに対して西郷は「人間（西郷）の命を貰いたいと言うぐらいではまだ駄目だ。向こう（西郷）から命がいるならどうぞ使ってくれと言うようでなければならぬ」と答えた。それはまだ征韓の期が熟していないという意味であった。

ところで、新平や香月たちが乗った汽船は、平戸沖で座礁したため小舟で多久島に上陸し、漁船を雇って伊万里についた。新平はここで香月と別れ船田次郎一人を供にして、有田を経て嬉野温泉に着いた。一月二十日のことである。

香月は佐賀へ行きすぐに県庁に就職した。香月が中央での出世を棒にふり県庁の役人になったのは、恩師新平のためだったのである。香月は佐賀へ行くと、朝倉、中島らと連絡をとり新平の意見を伝えた。朝倉らはさっそく嬉野温泉に新平を訪ねた。その後もぞくぞくと征韓党の面々が嬉野に集まり、口ぐちに新平が佐賀に来て征韓党の指揮をとるよう願った。このとき政府のスパイが見つかった。激昂して斬ろうとする人々をなだめ諭したのは新平であった。新平はあくまで鎮撫が目的であった。

新平が佐賀入りしたのは一月二十五日である。征韓党の事務所のある延命院をさけ、八丁馬場にある清涼亭に宿を取り、集まってくる人々に鎮静すべきことを説いた。そのあい間に帰県の目的の一つであった木の角村蓮成寺の父祖の墓に詣でた。

新平があくまでも征韓党の鎮撫をするので、東京虎ノ門で新平を暗殺しようとした不満分子の一味が再び新平を狙いはじめた。もし新平が鎮撫などせず、征韓党の党首になっていたらそのようなことが起こるはずはなかった。

二月二日、新平は暗殺の難を避けるため、長崎郊外深堀にある妻千代子の実家である義弟江口村吉の家に移った。佐賀には八日足らずの滞在であった。

電信が九州でも利用できるようになったのは明治五年からである。そのころ電信を使うことができるのは官庁だけであった。政敵江藤新平を葬るのに大久保はその電信を大いに利用した。首尾よく江藤を佐賀に送り出した大久保は、佐賀の動静を知らせる電報を待ち受けていた。それは明治七年二月三日の午後三時三十分、福岡の大名町郵便局から東京工部省に打電された。「佐賀県士族、或ル寺ニ集マリ、征韓論ヲ唱へ、日々勢イ盛ンナリ、昨夜小野組ニ迫リシカバ、手代残ラズ逃走シタリ（原文すべてカタカナ）」

というものであった。

この電報一通によって、佐賀戦争の幕が切って落とされたのである。工部卿伊藤博文はこの電文を持ってすぐに大久保邸へ走った。大久保はその真偽を確かめもせず、翌四日陸軍省に近傍の鎮台の兵の出兵を命じた。内務卿大久保は陸軍の出動を命じる権力まで持っていた。しかしこの電報は誤報であった。小野組に押しかけて金銭を調達しようとしたのは征韓党ではなく、憂国党でありその目的は征韓ではなかった。

そのころ憂国党は一月十四日に岩倉右大臣の襲撃事件が起こったのを聞き、それが東京の旧藩主邸にも及ぶのではないかと心配し、警護のため大挙して上京しようとしていた。その費用を財閥である小野組から調達しようとしたというのが真相であった。


大久保にとって電信の真偽などどうでもよかった。新平が佐賀に入ったとのスパイからの報があってから、最初の騒動を「佐賀の乱」のきっかけとして利用したのである。弘道館占拠事件については、森佐賀県参事が逐一報告したにもかかわらず目もくれなかった。そのことからも分かるように、狙いはあくまでも生かしておけば自分の存在が危なくなる優秀な政敵江藤新平であった。

大久保は新平の首を確実に刎ねるためには、自らが兵、政、刑の三権を掌握して佐賀に乗り込む必要があった。大久保は三条、岩倉に願い出たが許されなかった。そこで木戸の病床を訪ね弱気になっていた木戸から同意を得て、それを三条、岩倉に伝えようやく二月九日に三条太政大臣から出張命令を受けた。そのころ新平は長崎郊外の深堀にいた。

熊本鎮台司令長官谷干城のもとに、佐賀へ鎮台兵を出兵するようにとの陸軍省の命令が届いたのは二月六日であった。当時、熊本においても不平士族の動きが不穏でありあちこちで騒動が起こっていた。また鹿児島でも同じように不平士族による放火事件などが起こっており、佐賀における小野組騒動などむしろとるに足らない事件であった。

陸軍省からの電信を受けた谷司令長官は佐賀県庁に「佐賀県へ鎮台出兵の命ありといえども、暴挙の色もこれ無き上は、まずもって差し控え候」という書簡を送り、すぐには派兵しなかった。このため谷は十三日大久保によって野津鎮雄と交代させられている。これからも大久保の新平に対する憎悪が尋常でないことが読み取れる。

二月七日、大久保は新任の佐賀県権令（知事代理）岩村高俊に佐賀県への赴任を命じた。木戸は大久保が佐賀の権令に岩村高俊を任命したことに驚き「人心の激昂した折からなれば、佐賀権令の人選にはよほど慎重を要すべきなるはずに、こともあろうか選りによって岩村の如きをやるとは実に国家の大事を誤るやり口だ」と激しく大久保に忠告したが、彼は聞く耳を持たなかった。

岩村は精一郎と称した二十三歳のとき、すでに故人であった坂本竜馬を知っていたということだけで軍監になることができた。戊辰戦争の会津攻めのおり、会津藩からの同盟申し入れを断った長岡藩の家老河井継之助が、単身小千谷に行き官軍の軍監岩村に降伏の嘆願書を提出した。ところが頭を低くして嘆願する初老の河井に対して、若造の岩村は傲慢無礼の態度ではねつけたので、長岡藩は会津と同盟を結び、悲惨な戦いに突入するにいたったのである。このような岩村の行状は官軍方でも非難されていた。岩村は大久保に対し「江藤を必ずしとめてみせる」と自ら佐賀行きを願い出たのである。

三条太政大臣は、佐賀へ行った新平の身の上を心配した。大久保から「江藤、謀反す」と告げられると、岩倉は嘆息し、三条は「なぜに暴挙にいでしか、不平もあらば来たりて説くべきに」と子を思う慈母のごとく新平の身を案じた。三条は五日、島義勇を自邸に呼び、佐賀へ行って鎮撫することを依頼した。

島はそのころ新平とは政見が違い、仲たがいしていた。

島が佐賀に向かうため、横浜から乗り込んだ汽船に岩村も同船した。それが偶然か故意かは分からないが、いずれにしても三条の命令にしたがって島が鎮撫に成功すれば、岩村の出番はなくなる。

船中で岩村は島に酒をすすめ、その席で佐賀県人は口先ばかりで実行をともなわないと罵詈雑言の限りをつくしたので、それに怒った島は岩村と取っ組み合いの喧嘩をし、船長が仲にはいってようやく治まった。

長崎に着いた島は、もはや三条に派遣された鎮撫使節ではなかった。まんまと岩村の策略におちいり、鎮撫どころか火のような怒りを胸に上陸したのである。二月九日のことであった。長崎に上陸した島義勇は、折りよく新平が長崎に来ているのを知ると早速訪ねてきて、船中の出来事を語った。それまでの新平との不和は、岩村に対する怒りのためにに陰をひそめてしまったのである。新平もまた岩村の行為を怒った。文官である権令が兵を率いて入城することに対してである。岩村の背後に大久保がいるなど夢にも思わなかった。新平はのちに佐賀城の法廷に引き出され大久保の姿をみるまで、この戦いが大久保によって仕組まれたものであることに気づかなかった。

ここにきて、あれほど板垣、副島、後藤に「必ず鎮撫して、民権論をもってする」と決意をのべた新平であるが、長崎から佐賀への道をたどったときの心中は図り知れないものがある。新平は自ら火中に身を投じたのである。新平が佐賀に着いたのは二月十二日であった。島は翌十三日に佐賀に入った。

一旦は旅館清涼亭に入った新平であったが、翌十四日佐賀城の北約二里にある川上村の実相院に移った。新平はここで初めて征韓党と合流したのである。党本部を佐賀から二里も離れたところへ移したということは、新平がまだ征韓党を佐賀城下に本営を持つ憂国党から引き離し、暴発を押さえようと考えていたからである。

征韓党は北組、憂国党は南組と称するようになった。

大久保の行動は実にすばやかった。九日に兵、政、刑の全権を帯びて九州に向かうと同時に東京、大阪の鎮台兵を熊本鎮台に送り、十三日には熊本鎮台の司令長官を、佐賀への派兵を躊躇した谷干城から野津鎮雄に更迭した。そのうえ海軍省からは軍艦東号、雲揚号を九州に派遣した。

熊本鎮台の六百四十名の兵を率いて岩村権令が佐賀城に入ったのは十五日であった。佐賀城に入った岩村権令に対し山中一郎が征韓、憂国両党の特使となって面会を求めた。山中は「一片の布告もなく、突然鎮台を率いて入城したのは佐賀の士族を皆殺しにするためか」と詰問した。岩村はかつて長岡藩の家老河井継之助に対してとった以上に傲慢尊大な態度で、「答弁の限りにあらず」と言ってさっさと席をたってしまった。山中は川上村の新平のもとに走って会見のなりゆきを語った。新平ももはや激昂する党員を抑えることはできなくなった。

岩村の戦争挑発即ち大久保の戦争挑発はまんまと成功した。明治の世になって七年たらず、まだ武士かたぎは色濃く残っていた。武士というものは、相手に刃を向けられて自分も刃を抜かなければ恥辱であり罪でさえあった。

翌十六日の午前三時半ごろ、佐賀城西堀端において憂国党員十数名が警戒しているところへ鎮台兵が鉢合わせした。口論のすえ斬り合いとなり発砲するにいたったのが佐賀戦争の口火となった。城内に退却した鎮台兵を追撃して数を増していった憂国党員と、鎮台兵との間で激しい撃ちあいが始まった。間もなく佐賀城の二の丸、三の丸から火の手があがった。

それまで新平は、川上村の実相院で激昂する党員たちを抑えに抑えていた。しかしはるかに城の方角から火の手があがると、もはや新平の力をしても抑えきれるものではなかった。十六日の日の出過ぎついに川上村を出て、本営を佐賀城下の八幡神社に移し二門の大砲を備えて城内に打ち込んだのである。

佐賀城に入った鎮台兵は、岩村権令の強気な意見に乗せられて鎧兜のいでたちであると軽侮していた佐賀藩士たちが予想外の戦力を持っていたので、大久保の率いる本隊の到着まで持ちこたえることができなかった。岩村は十八日午前七時半佐賀城の裏門と東門を開いて一挙に脱出した。その間に兵力の三分の一を失ったが、戦争挑発という使命は見事に果たしたのである。

岩村が鎮台兵に守られて逃げるように佐賀城を脱出したあとに、まず憂国党の面々が入城した。そのあと新平が征韓党の幹部と共に城門を入り本丸の玄関口に来ると、その大玄関の中央に置かれた腰掛にどっかと座っているのは島義勇であった。見ると島は烏帽子をかぶり、錦の陣羽織に半具足を着け日の丸の軍扇を手にしていた。新平らを見ると軍扇を挙げ大声で「ご苦労」と呼びかけた。まさに封建時代の大将きどりである。これを目前にして新平の心中は、明治新政府で民権擁護のかずかずの施策を講じてきた苦労が足元から崩れる思いであった。

佐賀城内に本営を移した憂国党とは離れ、新平は征韓党の本営を元藩校の弘道館とし、ただちに評議所を設けて「捕虜を斬ることを禁ず。敵の死屍は礼を以って葬るべし」等の指令をだした。

大久保が率いる征討軍が九州各地に勢ぞろいしたのは二月十九日であった。熊本鎮台兵は装備が貧弱であったが、雲揚、鳳翔を始めとする四軍艦と大坂丸、舞鶴丸、イギリスからチャーターしたカントン号、大久保とその側近が乗ったアメリカの船ニューヨルク号等合計十五隻で、東京、大阪、広島の各鎮台兵五千三百五十六人や武器弾薬、軍事物資の輸送にあたるという大がかりなものであった。また九州に上陸したのちに各地で士族を召募したが、侍の地位を失った士族たちはそれに応じそれだけで一万人を超えた。そのうち実際に戦ったのは、鎮台兵の半数、応募者の三分の一で余裕があった。

それに対し佐賀軍の方は、憂国党、征韓党ともに武器弾薬、軍事物資はもちろん編成も貧弱であった。多くのスパイを使い電信をフルに活用した大久保が、このような佐賀の状況を知らないはずはなかった。それに、佐賀で戦時態勢が布かれたのが十四日であるのに、東京ではそれより早く九日には大久保が大軍を動員して出発しているのである。

福岡方面から佐賀を攻撃するには、田代、本庄、綾部、椎原、久保山、三瀬の六道があるが、征討軍の主力は田代口から入り、久留米、日田から進軍した隊と合流した。二十一日のことである。

戦いは二十二日午前六時に始まった。朝日山を守っていたのは西義質、山田平蔵が指揮する征韓党の面々であった。朝日山は佐賀の北東六里にある標高百三十メートルほどの城跡である。彼らは実によく奮戦した。

しかしそれも数時間続いただけで、はやくも佐賀軍は弾薬が尽きはてて中原村へ退却せざるを得なかった。中原村の切通しを固めていた征韓党の中島鼎三は、朝日山から退却してきた一隊と合流し、中原村の切通しと寒水川《しょうず》一帯で猛烈な反撃をおこなった。寒水川を守っていた憂国党の少年隊員古賀廉造、武富時敏、中村純九郎らがめざましい働きをしたのはこの地であった。憂国党の主力は筑後川に沿った戦線を受けもっていたのである。

同じ二十二日の夜、弘道館の征韓党の本営にいた新平は朝日山の敗戦を聞くや、香月経五郎をしたがえて馬を走らせた。吉野ヶ里の田手川に着くと自ら陣頭指揮をして闘った。佐賀兵はそれに奮い立って勇敢に戦い、そこが佐賀戦争中もっとも激しい攻防の地となったのである。佐賀軍の戦死者約百七十人のうち約百人が田手川の激戦で斃れ、征討軍もこの戦いで戦死三十二人、負傷者児玉源太郎以下四十五人に達した。

しかし、いかに佐賀軍が勇敢であっても、征討軍の豊富な小銃をもって次から次へと繰りだす勢いには苦戦した。佐賀軍は弾薬も尽き果て、わずかに斬り込みによって抵抗するだけで、二十三日の午後五時ころに田手川の防衛線も破られてしまった。

あとは佐賀城まで四里の平坦な佐賀平野が広がっている。平地での戦闘では勝ち目はない。前線で自ら戦い優勢な征討軍をまのあたりにした新平は、これ以上戦いを続けることはいたずらに戦死者を増やし付近の農民に被害を与えるばかりだと判断し、直ちに佐賀軍の退却を命じた。

新平は馬で佐賀まで駆けもどると城内に行き、あいかわらず鳥帽子に錦の陣羽織姿の島に会い、前線の状況を語り全軍の解散をすすめた。しかし島はあくまで城を枕に討ち死にすると言う。ついに新平は島と離別し独自に征韓党の解散を命じたのである。新平は征韓党の幹部を集め「大勢はすでに決した。これ以上抗戦を続けて死ぬのは犬死である。また、これ以上県民を苦しめることはできない。初一念を貫徹するためには、全軍を解散して後日を期するほかにない。しばらく各地に潜伏しておれば、また再挙をはかる時期も必ず到来する」と、維新前に高杉晋作が筑前の野村望東尼の平尾山荘に潜伏した例等をあげて全員に説き納得させた。

伝令が三瀬の峠にいる朝倉のもとに解散を伝えたとき、朝倉の隊はほとんど弾薬が尽きていた。しかし征討軍は朝倉隊の斬り込み作戦に悩まされていた。このときの朝倉の勇猛な戦いぶりは、敵方の将である山田顕義にも感動を与え語り継がれている。

新平は征韓党の解散にあたって幹部に、佐賀の南の有明海に面した漁村丸目村に集合するよう命じた。丸目村は新平がかつて永蟄居を命じられたとき、私塾を開いていたところで山中、香月らは弟子として通った道である。

丸目村の人々は新平一行を温かく迎えた。庄屋の家に休ませ道中の食料にと「あめがた」というその地方独特の餅飴を夜通しかかって作り、漁船をしたてて見送った。一行は山中、香月、中島、山田、生田、石井、徳久、松永、牛島ら征韓党幹部と深堀からついてきた新平の義弟江口村吉、それと東京から新平の身辺を離れず世話をしている忠実な家僕船田次郎であった。三瀬の朝倉は出発に間に合わなかった。それ以上朝倉を待つことは危険であったのである。一行は二十四日の早朝丸目村を出発し、二十五日に無事に鹿児島の米の津港に上陸した。

征韓党が解散したあと、憂国党は田手川と佐賀の中間にある若宮神社に本陣をおいた。戦闘が再開されたのは二十七日午前六時であった。若宮の本陣には島も佐賀城を出て陣頭指揮にあたった。憂国党は征韓党同様勇敢に戦ったが、征討軍の連射する最新鋭銃によって多数の死者を出し、昼ごろには若宮を放棄して佐賀の近くまで退却した。

この日の夜、東京から島の従弟にあたる木原隆忠が佐賀に帰ってきた。木原は島津久光に頼って降伏するほかはないと強力に勧めた。島の弟副島義高をはじめ憂国党幹部は、木原の説に賛成したが島一人頑固に反対して、籠城してあくまで抗戦すると主張した。ところが木原が「されば割腹のほかなし」と言うに及んでついに島も応じた。

木原と副島が二十八日午前七時、白旗を持って境原の征討軍本営に行った。その提出した文書には「われわれは佐賀城に不法に入った暴兵を打ち払っただけである。島津従二位の鎮撫の命令で休戦したい」というものであった。それを受け取った征討軍士官は「謝罪降伏状を明三月一日の午前中までに持って来い。さもなければ攻撃を始める」と告げた。木原はそのまま抑留された。

佐賀に戻った副島から報告を聞いた一同は、「そんなものが書けるか」ということになり、その夜のうちに住ノ江港から海路鹿児島へ脱出したのである。

二十五　土佐路

大久保利通が側近をひきつれて佐賀城に入ったのは明治七年三月一日午後二時ごろである。前日境原から蓮池に本営を移した征討軍は、午前十一時ごろまで憂国党副島義高の謝罪降伏文書を待っていたが、ついに来なかったので佐賀に全軍が無血入城したのである。佐賀城には大久保の期待に反して江藤の姿はなかった。

大久保はその日のうちに内務卿の名によって、「佐賀の乱に参加した賊徒は直ちに謝罪書をだすように」との布告を通達した。そしてその謝罪書なるものの書式も出しそのあて先は太政大臣三条実美となっていた。

大久保が「賊徒」と呼んでいる者に何の取調べもせずこれを書かせたのは、征韓論騒動を起こした佐賀県士族には罪は問わず、新平にすべての罪を負わせるためであった。

しかもこの戦争は自分が任命した岩村の挑発によって起きたということを誰よりもよく知っているのは大久保自身であった。そのうしろめたさゆえに、兵、政、刑の全権を持っている自分ではなく、三条あての謝罪文を書かせたのである。島義勇は大久保の新平に対する憎しみに巻き込まれたのであった。

このころ東京政府でも、その間の事情が次第に明らかになってきた。そこで大久保の暴走を牽制するため二月二十三日付をもって東伏見宮嘉彰親王を征討総督に任じた。三月一日嘉彰親王が東京を出発するにあたって、大久保が任されていた兵、政、刑の三権はすべて東伏見宮征討総督に移譲すべき正式の文書が三条太政大臣の名によって出されたのである。東伏見宮親王は三月八日に博多港着、十四日に佐賀入りした。しかし大久保は、東伏見宮がヨーロッパ留学から帰国し二十歳になったばかりの青年であることをよいことに、「征討総督の宮」の名を最大限に利用したのである。

大久保は、新平は自分が正しいと信ずることはどんな相手にでも利害を考えずぶつかっていくということを知っていたので、その性格からして新平は討ち死にしているか自害しているのではと思っていた。しかし、新平は佐賀士族を鎮撫できなかったという自責の念が強く、何としても中央政府に、岩村が挑発してきたという事実と佐賀士族は征韓に逸っただけで、決して朝廷に刃向かうつもりなどなかったことを訴えたかった。新平はこのさき、どんな困難を乗り越えてでも東京へ行きこのことを訴える覚悟をした。その助力を求めるために西郷を頼って鹿児島に向かったのである。すなわち、新平が西郷に出兵を依頼しに行ったということはないのである。

大久保にとって、新平が東京に行くことはどんなことがあっても阻止せねばならなかった。東京では、大久保の留守中に政府の空気は次第に新平に同情的になってきたのである。三条太政大臣はもちろんのこと、寺島、大木の現参議も江藤を殺さぬよう主張し、副島、板垣、後藤ら辞職した元参議は何が何でも江藤の罪を許すよう政府に訴え出た。東京にいる茶坊主みたいな伊藤から逐一状況の報告を受けていた大久保は、何としても新平を我が手で捕らえ我が手で死刑にせねばならなかった。そのため総力を挙げて大捜査網を敷いたのであった。それは九州一円はもちろん四国、中国から遠く清国にまで及ぶものであった。この捜査組織こそ、新平がヨーロッパの警察制度を導入して日本に初めて作りあげたものであった。

丸目村を出た新平の一行は二十五日鹿児島の米の津港に上陸した。陸路をとって二十七日鹿児島城下に入り、新町の工藤直太郎が経営する京屋に泊った。翌二十八日武村の西郷隆盛邸を訪ねたが西郷は不在であった。行先を問うたが家人は口止めされているらしく教えない。新平が身分を明かして自ら聞くとさすがに悪いと思ったのか、揖宿郡山川郷宇奈木温泉に居ると告げた。新平は家僕船田次郎一人をつれて三月一日の夕暮れ、薩摩半島の突端の宇奈木（鰻）温泉を訪れた。

西郷がこの温泉に引きこもったのは六年政変後、御用滞在を無視して鹿児島に帰って間もなくのことであった。彼は政治の世界にほとほと愛想をつかしていたのである。鹿児島に帰ってもそこで政治活動をしようとしたのではなく、鹿児島士族にさえ所在をくらまして、鹿児島から遠く離れた山中の一軒家にかくれ住んで、ほとんど猟師同様の生活をしていた。

突然訪ねてきた新平に西郷はたいそう驚いた。六年政変のおり、西郷の朝鮮への和平使節派遣案にただ一人西郷の心情を理解し強力に推薦し、岩倉に対しても陰で運動したのは新平であった。政変で辞職した他の参議のうち、副島は自分が使節になることを望んだし、板垣は征韓強行を主張していた。後藤は実業に熱心であまり関心がなかった。そういう二人が山の中の一軒家での久し振りの再会であった。その日は夕食を共にした。新平主従は、泊る部屋もなかったので近くの福村庄左衛門宅に泊めてもらった。新平は翌朝早く西郷を訪ねた。

新平は西郷に頼って上京したいと思っていた。しかしそのとき西郷には、新平を庇護し東京に送り届ける力はなかった。旧薩摩藩士の中には久光を崇める封建派も多く、久光の内閣顧問就任と帰県によって勢力を増している。そして西郷は同時に辞職して帰県した士族たちの信望を裏切って、二ヵ月もの間誰も寄せ付けず世捨て人の暮らしをしている時であった。西郷は誰よりも大久保の権謀術数に長け狡猾な性格を知っていた。西郷は新平に外国に行くことを薦めた。新平が上京することを望んだので、それを危ぶんで「私が言うようになさらんと当てが違いますぞ」とどなりつけた。西郷の新平に対する友情から出た言葉であった。

そのころには大久保が出した捜査網が鹿児島にも広がってきたので、一行は小人数に分かれた。新平は義弟の江口村吉と家僕の船田次郎を連れて土佐に向かうこととした。土佐には林有造がいる。新平は林が上京に力を貸してくれると信じていた。

三人は船で鹿児島湾に出たが風雨が激しいので桜島の港に避難し、三月四日大隅半島のつけ根にある垂水港に上陸した。そこからは陸路をとって半島を横断し五日後に飫肥城下に入った。そこから海辺の戸浦へ行き鰹船を雇い土佐へ向かった。

新平らを乗せ三月十日に戸浦を出た鰹船は、激しい風雨に遭って進むことができず、沖の孤島の漁港に寄って三日のあいだ天候の回復を待った。そしてようやく十五日に四国の宇和島に着き上陸した。

宇和島を出た新平たち三人は夜に険しい山の難路を磁石を頼りに歩いた。翌日は大雪で難渋していると、一軒の炭焼き小屋に行きあたりそこで久しぶりに暖かい食事にありつくことができた。炭焼き人夫に聞いたとおり山道を下っていくと、村のはずれに老夫婦が住む一軒家があり泊めてもらうことができた。新平ら三人は四日ぶりに屋根の下で休むことができた。高知へ行く道を尋ねると、津の川から船で四万十川を下り下田港に出る道がよいと言う。老人は津の川まで道案内をして、川を下る炭を積んだ船に便乗する世話をしてくれた。新平は充分なお礼をした。新平らは増水した四万十川の激流を下り、二十日の夕暮れどき下田港に着いた。

下田の町の警戒も厳しく、日が暮れてから伊屋という小さな漁村へ行き、まだ灯りのついていた一軒の家の戸をたたいた。その家の妻お鶴は疲れはてた一行をみて気の毒になり宿を貸すことを承知すると暖かい食事を用意してくれた。お鶴は新平に「高知まで送ってくれないだろうか」と頼まれると、尻ごみする亭主に有無を言わせず近所の二人を呼びにやらせ出航の準備をさせた。伊屋の浦を出たのは二十一日のまだ夜の明けきらぬうちであった。土佐の荒波に揺られて航海四日、桂浜に二十四日に上陸し夕方高知に入った。

ようやく林有造のいる高知に着いたのである。新平はすし屋に入り、さっそく江口を林の家に走らせた。林は、副島が六年政変で辞職すると一緒に外務省を辞め、しばらく副島邸に寄宿していたがその後土佐に帰っていたのである。林は江口から新平が高知に来たと聞くと、さっと顔色を変えたいそう迷惑そうな態度をとった。

林は、片岡健吉という戊辰戦争で活躍し土佐では板垣につぐとみなされている人物を同席させ新平と会った。林が新平とは面識のない片岡を同席させたのは、責任を二分させようという気持ちが働いたからである。いずれにせよ林有造は新平に少しでも力を貸そうという気持ちはなかった。


しかし、雰囲気をすばやく察した新平は「いや自分のことについて依頼しに来たわけではないから、決して誤解されないように」と言って林、片岡と別れた。そんな新平たちの危難を救ったのはすし屋の主人内川源十郎であった。新平たちが追われているのを知りながら休ませていたが、林に見捨てられたと知るや友人の岡田啓吉に相談した。二人ともそれまで新平とは何のかかわりもない人たちである。岡田の母は酒肴を用意し新平たちをもてなし床をのべた。

新平たちは土佐湾に面した街道を東へ東へと向かった。前の浜のもみじ屋でわらじを買い、久枝で川舟をやとって物部川の川尻を吉川村へと渡った。ところが渡し賃に十円札を渡したのがあとを追う官憲の手がかりとなった。

新平の目指すところは、高知県と徳島県の県境の高知県側にある港町甲浦《かんのうら》であった。甲浦は背後の野根山でとれる豊富な薪炭を大阪に積み出す港として栄えていた。甲浦へ行くには、室戸岬を大回りする海沿いの道と、距離では半分の山越えの道があった。

新平は近路の山越えの方をとった。奈半利川をさかのぼり野根川を下れば甲浦の隣村、野根に着くはずであった。しかしその道は四国山脈の深山の中にあった。彼らは、その山越えに挑んだが豪雨が行く手を阻んだ。降りしきる雨は滝となり道も消えて見えなくなったので、次郎が探しあてた洞窟でひと休みした。

豪雨はその夜まで続いた。山道はますます険しくその夜はついに、前は急流、後ろは絶壁という難所に踏みこみ岩の張りだしたわずかなすき間に立ったまま夜を明かした。

夜があけるとやっと雨が上がってきた。次郎が海のにおいがするというのでその方向へ下っていった。

二十六　天地知る

　そのころ高知県の小属の細川是非之助は、すでに新平の動きを探知していた。新平が宿を取り食事をし、道を尋ねるたびに気前良く円札で礼をしたのがあとを追う捕吏の目印となっていたのである。

　細川は県庁への報告書に「いずれ野根か甲浦あたりにて捕縛にいたるに存じ候」と書いた。一方、新平らは野根へ行く途中の民家の門口に赤ケットが干してあるのが目に入り、このような辺地にも捕吏が入っているのかと思った。

　思えばこの制度は新平が作ったものであった。野根の町に着いたのは正午すぎである。新平は、その町の豪商福村家へ立ち寄った。福村家は海運業を営んでいた。幕末、天誅組生き残りの伊吹周吉が重症をうけていたのを船底にかくまって救った人物である。あいにく福村は留守であった。のちに、自分が家にいれば何としてでも救けたのにと悔やんだ。

新平は福村の妻婦喜に奉書紙を買い求めてくるよう頼んだ。その奉書紙に新平が何を書いたかは婦喜は知らなかったが、それは岩倉具視宛の書簡であった。

婦喜は新平を手厚くもてなした。それを見ていた井上という青年が番所に密告したが、彼はそのために町におられなくなったという。当時、甲浦、野根二区の区長は浜谷清澄といい、温厚篤実な佐喜浜の豪商で官吏を兼ねていた。浦正胤は同区の番人であった。

浦は井上の密告を聞くと役目がら新平一行を待ちうけた。ほどなく坂道を下ってきた一行三人を見ると「客人はどこから来てどこへ行かれるか」と聞いた。「高知から浪華に向かうものである」と江口村吉が答えた。

新平はその問答を聞いていたが、浦に「君は番人であるか。しからば君に密かに相談したいことがある。どこかに我らを案内してくれぬか」と言った。浦は内心ホッとして三人を甲浦役場に連れていった。新平はもはや逃げなかった。新平の目的は東京で公正な裁判を受けることであった。

役場に案内された新平は、あらためて「余は山本清と申す岩倉右大臣の執事である。実は喰違事変（岩倉暗殺事件）以来、内務省の探偵として、ひそかに佐賀、鹿児島、高知の三県へ出張を命じられた者である」と言い、懐中から一通の書状を取り出し、これを岩倉右大臣へ急送するようにと依頼した。

浜谷は新平の人相書きを見ていたのでこの一行は新平らに間違いないと思っていた。そこで役目がら県庁に報告せざるを得ないと思い書状を届けさせた。と同時に、新平一行には庄屋の光井権七方を借り受け宿舎とした。光井は羽織袴で挨拶にでた。

新平は浦正胤という名に興味を持った。浦姓は新平の母の実家の姓であり「胤」は二十一代続く江藤家に代々その名に付けた一字である。新平も元服の際胤雄と名乗ったからである。そのとき新平は捕縛されることをすでに覚悟していた。そこで自分が司法卿のときに編纂した「憲法類編」を皮袋から取り出して浦に贈った。

翌朝、高知県の小属細川是非之助が騎馬で駆けつけてきた。細川は浦が「山本清」より岩倉あての書簡を預かったことを聞くと「それこそ疑いもなく江藤新平であろう。この手紙は職権によって開封する」と言って開封した。

この書簡は、これが新平の字かと思うほどに乱れていた。前夜豪雨の中で立ったままで過ごし、睡眠もほとんどとらず山中を歩き回った疲労の極みのなかで、福村家で急いで書いたからである。日付を一日前の二十七日に間違えているのもそのためであった。


ともあれ岩倉右大臣あての手紙が動かぬ証拠となった。踏み込んで行って縛りあげることもできたが、細川は武士の情を知る人物であった。「江藤殿は参議の要職にあった人物である。これを縛するには礼をもってせねばならない」と言って「珍客あり。囲碁中なれば恐縮ながらおいで頂きたい」との書状を持たせて新平だけを区長浜谷の家に招いた。

浜谷は細川を紹介してしばらく雑談していたが、細川は口中がからからになってなかなか言い出せない。碁盤を持ち出して、新平に白石を渡した。新平がうち、細川が黒石を打ったその勢いで、懐中から似顔絵つきの手配書を取り出し「このお方をご存知ありませんか」とかすれた声で言った。新平は宿を出るときから覚悟し次郎にもそれとなく伝えていたので「私は江藤新平です」と答え、携えていた小刀を細川に差し出した。細川が「江藤殿、お召捕り」と言うと隣室で待機していた番人が、形式的に軽く両手をしばった。三月二十九日であった。

その夜、細川は新平の寝所にいき「昼間は県から命じられた役目柄やむなく捕縛しましたが、今夜は細川個人として先生のお縄を解きます。どうか自由に欧米へでもお出かけください。あとの責任は一切この細川が負います」と言った。新平は「好意はまことに有難く思う。しかしどうか法の定める通りにしてくれたまえ」と答え動じなかった。

いよいよ新平は佐賀に送られることになった。そのとき海岸を回遊していた軍艦が甲浦港に入り、新平の身柄を受け取ろうとしたが、細川はその要求を拒絶し自分の裁量で送ることとした。

細川は護送の途中だけでも新平を慰めようと考えた。朝は遅く宿を出て夕方はまだ日が高いうちに宿につき、普通三日の行程を六日かけて、あたかも賓客を遇するようであった。

これほど丁重で歓待されながらの囚人の護送はないといえる六日間であった。沿道には人々が押し寄せて見送り、宿舎には紙や絹を携えて新平の揮毫を乞う者が押しかけた。

さすがに、細川のもとには県庁から督促状が届いたので、六日目にようやく高知に着いた。

新平は、二月二十三日に佐賀を脱出して以来多くの人々の庇護をうけた。それは新平の行った新政策が民権を擁護するものとして、少なくとも政治に関心のある知識階級の人々に理解されていたからである。また政治には関心のない海辺の人、山中の人からも温かいもてなしを受けたのは、主従三人の人柄が人々の警戒心を解きその琴線にふれるところがあったからであろう。しかし、なによりも高知県人の温かい人情と強い義侠心に負うところが大きいといっていいのである。

大久保のもとへ「江藤捕縛」の報が届いたのは四月二日であった。彼は、「これ以上の喜びはない」と言って岩村らと盃を重ねた。

大久保のこのような手放しの喜びようからしても、彼はただ単に佐賀士族の暴発を鎮圧するために兵を出したのではなく、江藤を生かしておいたら能力的に劣る自分の立場が危なくなると知っていたので、江藤という政敵を葬るために仕組んだものであるということが分かるのである。

四月三日高知に着いた新平は権令岩崎長武の一通りの審問を受け、翌四日佐賀征討本営から出張して来ていた内務省官員に引き渡された。高知港からは軍艦猶竜に乗せられ、鹿児島経由で四月七日佐賀の有明海側の早津江港に到着した。新平は、船中で香月や山中らと再会した。そのとき新平は、まだ若者たちを救う道があると望みを捨ててはいなかった。その日の夕刻、旧城内にある県庁の獄舎に入れられた。新平と従者は、他の征韓党、憂国党の囚われ人とは離され、人殺し等の一般の囚人と同居させられた。

佐賀に新征討総督東伏見宮嘉彰親王が着任されたのは三月十四日であった。

太政官が東伏見宮を征討総督に任命したのは、それによって佐賀以外の西南各地の不平士族の決起を抑えるためであったが、と同時に朝鮮、台湾、樺太などの問題が山積していたので、佐賀の戦闘が終了したからには大久保を早期に帰京させようとしたからでもあった。

しかし大久保は江藤の処分をすませるまでは佐賀を離れるなど思っていなかった。

元々政府は江藤を東京に連行し、禁錮の刑を科する意向であった。佐賀においては予審のみを行わせるため、元参議である江藤新平を審理する地位を持たない権判事河野敏鎌と権大検事岸良兼養を派遣したのである。とくに河野は江藤家の元書生であり新平から深い恩義を受けていたので、岩倉右大臣、大木司法卿からは出発にあたって、新平の身柄に対しては特別に配慮するよう申し聞かされていた。

新平捕縛の報が東京に届くと、三条太政大臣は新平の身を案じ、岩倉から大久保あてに新平の助命の指示を出すよう伝えた。岩倉も同じ考えであったから、大久保に「江藤の命を助けるように」との密使を送った。それを聞き及んだ伊藤は、岩倉が密使を出発させたことを電信で大久保に急報した。

岩倉の密使が佐賀の大久保のもとに着いたとき、大久保はすでにその内容を知っていたので、新平の処刑がすむまでさまざまな口実を作って密使とは面会しようとしなかった。密使は幾度も大久保を訪ねてしきりに面会を求めたがその都度巧みに回避し通した。

明治七年四月五日、佐賀城内に臨時裁判所が設けられた。裁判長が大判事河野敏鎌、大検事岸良兼養、大解部山崎万幹、権大解部増田穂風のメンバーで、河野敏鎌と岸良兼養は「権」がとれて大判事、大検事となっていた。形ばかりは整ったが新平が司法卿として整備した裁判制度は行われず、充分な尋問や審議もなければ代言人（弁護士）も傍聴人もなく、控訴、上告の途もなかった。

法廷となった城内二の丸大手門前には、数十人の官吏と巡査と獄卒が拷問の責め道具を並べ立てて威嚇しており、封建時代の暗黒裁判そのままの情景であった。

木原隆忠は島義勇の従弟で、島津久光と同行して西下し島に降伏をすすめに来てそのまま抑留された人物で、戦いとは何の関係もなかったが取り調べにあたっては顔や手足から血が飛び散るほど棍棒で殴られた。木原に「裁判長は武士を取り調べる作法を知らんのか」と怒鳴りつけられた河野は黙って引き下がってしまった。また戦闘で負傷している村山長栄も五体を乱打され、河野が「痛くないのか」と聞くので「人を殴打して痛くないかとは、それが武士に対する言葉か」と言い返した。河野は急に顔面蒼白となり、書記二人に抱えられるようにして退廷した。

新平の裁判らしきものが行われたのは、佐賀に護送された翌日の四月八日と九日の二度だけであった。

この裁判は全く形式だけのものであった。

大久保は佐賀に入城した三月一日のうちに岩村らと相談して、そのときすでに新平の梟首を決めていた。また河野敏鎌は大久保の胸中を忖度しそれに応える案である「断罪意見書」を提出した。

当時、日本の刑法には内乱罪や騒擾罪などの条文はなく、百姓一揆などを対象とする兇徒聚衆罪があるのみであった。明治政府は前将軍徳川慶喜を許し、新政府軍に会津で抗戦した松平容保に対しても「封土没収、永預け」の刑を科したに過ぎず、函館五稜郭に立て籠もった榎本武揚に対しては木戸孝允が反対したにもかかわらず、大久保が在獄三年で赦免にした。わずか二年まえの明治五年のことであり、この年海軍中将になった榎本は全権公使としてロシアに使いしている。

大久保は、九日の裁判での江藤の陳述は「曖昧で笑止千万、人物推して知られたり」と罵倒しているが、新平はそのときすでに戦争の推移を陳述した「口供書」を提出していた。それは、護送の途中で書いたものである。新平はいずれそれにより東京における正式の裁判によって事実が明らかになると信じていた。

その前年行われた京都府知事槙村正直の裁判では、被告が政府高官であるというので、東京に臨時裁判所を開廷し、裁判官以外に九人の政府高官からなる参座（陪審員）を設けて公正を期したのである。それゆえ新平は元参議である自分が、東京以外の土地でこのような無法な刑に処せられるとは夢にも思わず、「口供書以外にしゃべることはない」となにを聞かれても答弁しなかったのである。


河野敏鎌はのちに「大久保から千両の首斬り料を貰った」と世間で噂されたが、新平もよもや河野が裁判長として自分を裁くとは思いもしなかった。

その河野が裁判長席に得意顔で腰かけ、通常の罪人に対すると同様に傲慢な態度で審問を始めた。新平は河野を睨みつけると「敏鎌、きさまは何の面目あって余にまみゆるか」と一喝した。河野は顔を上げることができず、うなだれて引き下がってしまった。

河野は大久保の側近になることだけしか眼中になかった。のちに農商務大臣、枢密顧問官にまでなったが、精神に異常をきたしその死に方は尋常ではなかったという。

四月十三日の早朝五時、新平は獄卒によって法廷召喚を告げられた。五体をがんじがらめに縛られ周囲を獄卒にかこまれた新平が、佐賀城内二の丸大手門前に設けた「臨時佐賀裁判所」の大玄関前にひかれて行くと、同じ姿の香月、山中、中島ら征韓党の若者たちがあらわれた。新平だけが別の獄に入れられていたので久しぶりの対面であった。

「先生」、「先生」

「おお、香月か、山中か、中島か…」

と互いに名を呼び交わすだけであったが、万感の思いが込められていた。法廷には、島義勇をはじめ、憂国党の幹部も出廷していた。

裁判は口供書の朗読から始まった。まず新平の口供書を読み上げ、拇印を押させた。山中、中島らが、口供書の内容に違うところがあると異議を申し立てて押捺を拒んだので、新平がたしなめて押させた。新平はその日判決が下されるなど思いも及ばなかった。予審裁判だとばかり思っていたからこそ山中や中島をたしなめたのであった。

一方大久保は処刑を急いでいた。遅れればどのような邪魔が入るかわからない。現に岩倉卿からは「江藤を死刑にしないように」という書簡を持った使いが来ていた。

大久保が東伏見宮にお伺いをたてたところ、宮はあまりにも性急な進め方に躊躇され「いま少し待て」と三日間は許されなかった。四月十二日、河野敏鎌、岸良兼養が江藤、島一党の罪を断ずる伺書を持参してきたので、大久保は、岩村、山田、武井にそれを持たせ東伏見宮に決裁して頂くよう乞わせた。このように周囲が大久保に荷担して新平の断罪を迫ったので、年若い宮はいつまでも反対することはできなかった。ただ、大久保が新平らの斬首の刑を一般の罪人同様に行うことには強く反対された。「江藤、島のごとき功臣であったものに対して礼儀に反する」というものであった。

一同が口供書に拇印を押し終えると、新平はまた縄をかけられ大玄関前の荒むしろの上に引き据えられた。縄尻を一人が持ち数人が周りを囲んだ。

その方、朝憲をはばからず、名を征韓に托して与党を募り、火器を集め官軍に抗敵し、逆意を呈す科によって、除族の上、梟首申し付ける」

不意打ちであった。

明治六年六月に公布された法律「改定律例」によって梟首という野蛮な刑罰は廃止されているのである。

梟首は斬刑に処せられた人の首をさらし場の獄門台に五寸釘で打ち留め、三日間人目にさらすという残酷な刑罰で、武士には行われなかった。徳川時代においてもその刑は、強盗殺人などの重い犯罪にのみしか適用されなかった。

誰よりも法律に明るくリーガルマインドを若い時から身につけていた新平が、法律に反した重罪を科せられてただ黙っていることはできない。縄尻を取られたままパッと立ち上がり「私は…」と怒号した。後ろ手に縛られていた新平は、立ち上がったとたんに縄に引かれて尻もちをついた。それが後世、新平は腰が抜けたということになったのである。

大久保は河野に命じ、新平が法廷で動作も発言もできないように万全のそなえをしていたのである。大久保は、江藤醜態笑止なりと嘲いその日のうちに新平の刑を行ったのである。しかし、大久保は新平の凄まじい眼光を忘れることができなかった。はからずもそれは大久保の死と繫がっていったのである。

その日刑を言い渡されたのは、梟首が江藤新平、島義勇、斬首が征韓党の香月経五郎、山中一郎、中島鼎蔵、朝倉弾蔵、西義士智、山田平蔵の六人、憂国党は副島義高、村井長栄、福地常彰、重松基吉、中川義純の五人であった。

新平は、刑場に向かうときにはすでにおだやかな表情にもどり、香月や山中らと微笑を交わした。

国を思ふ　人こそ知らめ　丈夫《ますらお》が
心尽くしの　袖の涙を

新平の辞世の歌である。

死に臨んで、新平は同じ言葉を三度声高く叫んだ。

「ただ皇天后土の、わが心を知るあるのみ」

「ただ皇天后土の、わが心を知るあるのみ」
「ただ皇天后土の、わが心を知るあるのみ」

年齢四十一歳であった。

大久保はその夜、今日の酒はうまいと河野敏鎌、岸良兼養たちと酒盃を重ねた。

征討総督東伏見宮嘉彰親王は、大久保が征討総督の自分をさしおいて新平の死刑執行を行ったことに怒り、死刑が行われたと聞くとその日のうちに佐賀を発ち早津江から船で出発した。新平処刑に対する大久保への抗議の意思表示であった。

大久保は事後処理のためすぐにはあとを追うことができなかった。そんななかで大久保はようやく岩倉右大臣の使者と会った。使者が持参した書簡の内容は先刻承知していたが、大久保はたいそう驚いたふりをして「なぜこの手紙を早く見せぬ。江藤を死刑にしてはならないと書いてあるではないか」と使者をどなりつけた。使者は何度も面会を請うたが許されなかった事情を述べたが、大久保は聞き入れず使者を責めたてた。そこで使者は宿舎に帰り自決したのである。

新平と島の首は、城内から西へ一里ほど離れた嘉瀬川近くの千人塚に三日間さらされた。

その三日間、佐賀平野から三瀬高原そして筑前の早良野一帯に、みごとな朝焼けが続いたという。

エピローグ

新平の死後、弟源作は母浅子と新平の次男松次郎を長崎の自宅に引きとった。源作の貿易の事業は順調に発展し、母は源作のもとで安らかな老後をおくった。

松次郎は、亡き父と叔父の名から一字ずつとって、名を新作と改めた。新平の長男熊太郎は若死にしたので、次男の新作が江藤家を継いだ。

明治十一年の春、源作は新作を東京の学校に入学させるために上京した。

源作は東京での全ての用をすませたので、長崎へ帰ろうとしたある日、宿の主人から、近くの紀乃国坂を政府の高官が毎朝馬車で通るということを聞いた。

明治六年に宮城が火事で焼けたので、赤坂仮御所に太政官が置かれていた。大久保をはじめ、伊藤博文、西郷従道、大木喬任、大隈重信らがみなその紀乃国坂を通って登庁していたのである。

源作は兄の仇である大久保をどうしようというのではないが、ただ一目見て帰りたいと思った。源作は翌朝一人紀乃国坂に佇んで大久保の馬車が来るのを待った。大久保は鋭い視線を感じたのか源作の方を見るやいなや、さっと顔色を変え身を震わせた。その様子があまりにも異様であったので馭者は驚いたという。

そのころ、西郷を死に追い詰めたためかノイローゼ気味であった大久保は、江藤新平の亡霊かと驚いたのであろう。新平と源作は年も三つ違うだけで顔立ちも背丈もよく似た兄弟であった。

亡き兄の万感の恨みを込めて源作は馬車の大久保を見上げた。源作のその眼に大久保は震え上がった。


大久保は、その後登庁の道すじを変えた。明らかに遠回りで、草の生い茂った裏道を清水谷へと下り、紀尾井坂を登って赤坂仮御所へと通うようにしたのである。

それは大久保の命をねらう石川県士族島田一郎らに、願ってもない襲撃場所を与えることとなった。西郷隆盛を尊敬し、西南戦争に呼応して兵を挙げようとして失敗した島田らは、大久保の暗殺を企てていたのである。

明治十一年五月十四日、大久保が邸を出たのは午前八時であった。馭者は指示通り紀乃国坂へは行かず、清水谷から紀尾井坂へと向かう道に入った。その途中の北白川宮邸裏手の草むらに島田ら六人が潜んでいた。

馬の足を斬って馬車を止めた島田らは、大久保を馬車からひきずり降ろし頭めがけて切りつけ、上げた大久保の手もろとも眉間から切り下ろした。咽喉にとどめを刺した脇差は地面に突き刺さっていたという。

ときに四十九歳、生まれもった狡猾さと権謀術数を発揮して幕末から維新を生きぬいた大久保利通。江藤新平をはじめ政敵を次々と抹殺し、竹馬の友で恩義のある西郷隆盛までも西南戦争で死に追い詰め、権力中枢の地位を手にいれた男の最期であった。

新平が賊名を解かれたのは、明治憲法が発布された明治二十二年二月十一日である。

明治四十四年三月、衆議院において、故参議司法卿江藤新平の功績表彰が満場一致をもって可決された。

同年八月三十一日、明治天皇は昭憲皇太后の名をもって、新平の妻千代子に七十九歳の晩節を嘉し金三千円を下賜された。

そして、翌大正元年九月十二日、改めて新平の罪名消滅の証明書が遺族に交付された。


このときも、佐賀平野から三瀬高原そして筑前の早良野一帯に、みごとな朝焼けが三日間続いたという。

参考・引用文献（敬称略）

「江藤新平と明治維新」　鈴木鶴子　（朝日新聞社）
「幕末維新と佐賀藩」　毛利敏彦　（中公新書）
「明治六年政変」　毛利敏彦　（中公新書）
「江藤新平」　毛利敏彦　（中公新書）
「江藤新平」　杉谷　昭　（吉川弘文館）
「大久保利通」　毛利敏彦　（中公新書）
「大隈重信」　中村尚美　（吉川弘文館）
「かちがらす」　植松三十里　（小学館）
「歳月（上）」　司馬遼太郎　（講談社文庫）
「歳月（下）」　司馬遼太郎　（講談社文庫）
「アームストロング砲」　司馬遼太郎　（講談社文庫）
「翔ぶが如く（四）」　司馬遼太郎　（文春文庫）

「司馬遼太郎の描く異才II」　週刊朝日編集部　（朝日文庫）
「逆説の日本史　22　明治維新編」　井沢元彦　（小学館）
「司法卿　江藤新平」　佐木　隆三　（文春文庫）
「新説・明治維新」　西　鋭夫　（ダイレクト出版）
「肥前さが幕末維新博覧会」　資料
「伊東玄朴旧宅」　資料

その他ネット検索多数

あとがき

私が初めて江藤新平のことを知ったのは、六十年前、高校の歴史の教科書によってであった。そこには、「佐賀の乱」を起こした首謀者で、「国賊」であると記されていた。

大学入学後、それは違うのではないかと少しずつ思い始めた。新平は明治新政府で初代の司法卿をつとめたが、司法卿になる以前から数々の民主的な政策を行い、日本の法制度の確立に貢献したことを知ったからである。

また閣議において、新政府と朝鮮国との国交交渉については新平と西郷隆盛は友好的に行なうことを主張した。しかし、二人が「征韓論」を唱えたため「佐賀の乱」や「西南戦争」の契機になったという説が有力となった。これについては、新平や西郷を抹殺した大久保ら後の政権が自分たちの行為を正当化するために捏造したものに違いないと私は確信した。

大学卒業後はもっと知りたくなって、職場近くの神田神保町の古本屋街を歩き回り文献を探した。その結果、江藤新平は「もっと評価されてよい、そしてその汚名を晴らしてやるべきである」という私の結論となった。

そこで、史実をベースにした江藤新平の伝記的小説を書いてみようと思った次第である。

また私は高校時代、日本史の勉強中に幕末の思想がもつれにもつれているのを解きほどくのに苦労した。

尊王、倒幕、佐幕、開国、攘夷、尊王攘夷、公武合体等の思想が入り乱れており、そしてそれらが離合集散することがあった。そこで、どの藩がそして誰がどのように動いたかを解明するのに苦労したことを覚えている。

また、アメリカ南北戦争、清国のアヘン戦争、フランスのナポレオン戦争等も幕末日本の政局に大きく影響していることを知った。

中高生の皆さんが勉強の合間に本書を手にとって、参考にして頂けたら望外の喜びである。

金武の丘より望む那の津港　朝焼けの空に新平の血はたぎる

わが胸に啄木鳥のごと穴あけて　江藤新平半世紀棲みぬ

令和元年十月

池松　美澄

著者略歴

池松　美澄（いけまつ　よしきよ）

昭和18年福岡県三潴郡江上村（現、久留米市城島町）生まれ。

昭和43年佐賀大学文理学部法学専修卒。

卒業後、5年半余の銀行勤務を経て、日本住宅公団（現、独立行政法人都市再生機構・UR）へ。

福岡支所（現、九州支社）で6年半、用地課、総務課を経験し、本社へ。広報課、立地選定課、関東支社の事業計画部で6年勤務後九州支社へ戻り、主に管理部門、訴訟部門を歩く。

関連会社を経て、64歳で退職。

退職後は現在民生委員12年目、町内会副会長4年を経て現在町内会長4年目。

朝焼けの三瀬街道

信念を貫き通した男　江藤新平

令和元年10月1日発行

著　者　**池松　美澄**

発　行　佐賀新聞社

販　売　佐賀新聞プランニング

〒840-0815　佐賀市天神3-2-23

電話　0952-28-2152（編集部）

印　刷　佐賀印刷社

定価（本体1,350円＋税）